43	Pferde
44	Kriminalistik
45	Säugetiere
46	Wetter
47	Fossilien
48	Pf...
49	
50	Evolution
51	Computer
52	Raubtiere
53	Fußball
54	Der Zweite Weltkrieg
55	Strand & Meeresküste
56	Islam
57	Mond
58	Das moderne China
59	Geld
60	Pyramiden
61	Waffen & Rüstungen
62	Edelsteine & Kristalle
63	Deutschland
64	Tiere
65	Fahrzeuge & Transport
66	Urzeit
67	Arktis & Antarktis
68	Der Erste Weltkrieg
69	Reptilien
70	Mittelalter
71	Erdöl
72	Religionen
73	Schmetterlinge
74	Mumien

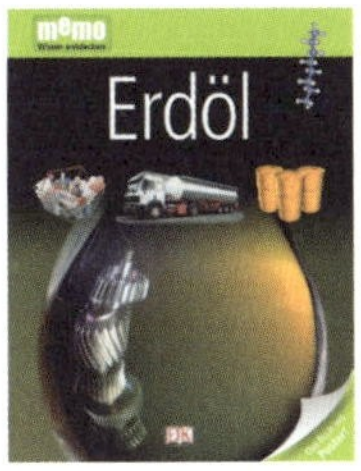

Teste dein Wissen mit dem memo Quiz!

memo Quiz: Dinosaurier — Das alte Ägypten — Weltall — Pferde

Große Wissenschaftler

Die Differenzmaschine Nr. 1 von Charles Babbage

Das Weltraumteleskop *Hubble*

Abschnitt der DNA, Modell der Doppelhelix

Nanoroboter untersucht die Innenwand eines Blutgefäßes.

Astrolabium

Charles Darwins Kompass

Fallende Feder

Botanische Sammlungen

Große Wissenschaftler

Text von
Jacqueline Fortey

Robert Hookes Mikroskop

Newtons Äpfel

Schmetterlinge aus Südamerika

Archimedische Schraube

DORLING KINDERSLEY
London, New York, Melbourne, München und Delhi

Fachliche Beratung Dr. Patricia Fara

Cheflektorat Camilla Hallinan
Projektleitung Sunita Gahir
Projektleitung Sunita Gahir
Programmleitung Andrea Pinnington
Bildrecherche Claire Bowers
Herstellung Angela Graef
DTP-Design Andy Hilliard, Siu Ho, Ben Hung
Umschlaggestaltung Smiljka Surla

Cooling Brown Ltd.:
Creative Director Arthur Brown
Redaktion Jemima Dunne
Gestaltung Juliette Norsworthy, Tish Jones
Bildrecherche Louise Thomas

Für die deutsche Ausgabe:
Programmleitung Monika Schlitzer
Projektbetreuung Martina Glöde, Janna Heimberg
Herstellungsleitung Dorothee Whittaker
Herstellung Anna Ponton

Bibliografische Information Der Deutschen Bibliothek
Die Deutsche Bibliothek verzeichnet diese Publikation in der
Deutschen Nationalbibliografie; detaillierte bibliografische Daten
sind im Internet über http://dnb.ddb.de abrufbar.

Titel der englischen Originalausgabe:
Eyewitness Great Scientists

© Dorling Kindersley Limited, London, 2007
Ein Unternehmen der Penguin-Gruppe

© der deutschsprachigen Ausgabe
by Dorling Kindersley Verlag GmbH, München, 2011
Alle deutschsprachigen Rechte vorbehalten

Übersetzung Brigitte Beier,
Gerd Hintermaier-Erhard (S. 64–71, Poster)
Lektorat Christine Stahr
Satz Roman Bold & Black

ISBN 978-3-8310-1884-0

Colour reproduction by Colourscan, Singapore
Printed and bound in China

Besuchen Sie uns im Internet
www.dorlingkindersley.de

Galileis Pendeluhr

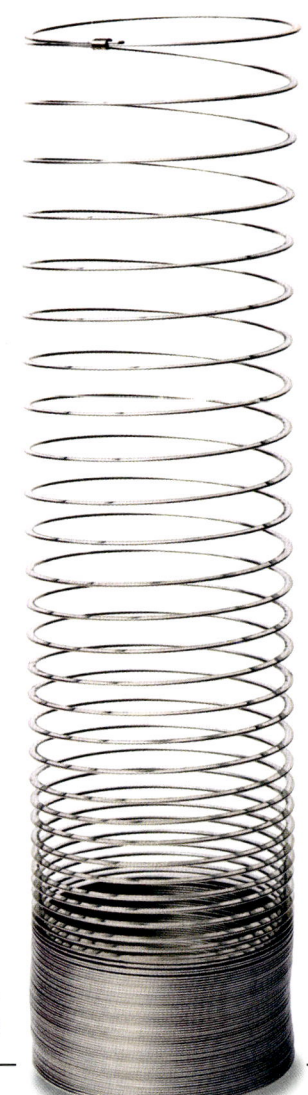
Spiralfeder für Hookes Gesetz

Inhalt

Aristoteles	6
Archimedes	8
Zhang Heng	10
Alhazen	12
Roger Bacon	14
Galileo Galilei	16
William Harvey	18
Robert Hooke	20
Isaac Newton	22
Antoine-Laurent Lavoisier	24
Benjamin Franklin	26
Joseph Banks	28
Georges Cuvier	30
Charles Darwin	32
Charles Babbage	34
Michael Faraday	36
Thomas Edison	37
Louis Pasteur	38
Dmitri Mendelejew	40
Marie Curie	42
Ernest Rutherford	44
Albert Einstein	46
Alfred Wegener	48
Edwin Hubble	50
Francis Crick und James Watson	52
Alan Turing	54
James Lovelock	56
Dorothy Hodgkin	58
Richard Feynman	60
Stephen Hawking	61
Wissenschaft und Zukunft	62
Chronik	64
Neugierig geworden?	67
Der Nobelpreis	68
Glossar	70
Register	72

Aufbau eines Atoms

Aristoteles

ARISTOTELES (um 384–322 v. Chr.)
Das Porträt zeigt, wie sich der Holländer Joos van Gent im 15. Jh. den Philosophen vorstellte. Aristoteles' Ideen über ein geordnetes Universum kamen der christlichen Kirche so entgegen, dass sie die Theorien übernahm. Für spätere Gelehrte war es schwierig, sie infrage zu stellen.

Im Jahr 387 v. Chr. gründete der Philosoph Platon in der griechischen Stadt Athen eine Lehranstalt, die Akademie. Zu seinen Schülern gehörte Aristoteles, der Sohn eines Arztes. Er stammte aus Makedonien, das damals Teil von Nordostgriechenland war. Auch Alexander der Große, den Aristoteles später erzog, stammte von dort. Platon schätzte das abstrakte Denken, bei dem der Verstand Schlüsse zieht, und hielt fünf geometrische Körper, darunter den Würfel, für die Grundbestandteile des Universums. Aristoteles hingegen wandte sich dem zu, was er direkt aus der Natur erfahren konnte, und teilte das Wissen darüber in verschiedene Bereiche ein. Er erforschte belebte und unbelebte Dinge, um zu erkennen, in welchem Verhältnis sie zueinander stehen und wie sie als Teil einer höheren Ordnung aufgefasst werden können.

Kaum oder kein Luftwiderstand beim Fall des Steins

384 v. Chr.	Aristoteles wird in Stagira in Makedonien geboren, das damals zu Griechenland gehört.
367 v. Chr.	Eintritt in Platons Akademie in Athen, der er bis zum Alter von 37 Jahren als Schüler angehört.
um 350 v. Chr.	Mit Über die Teile von Tieren und anderen Werken begründet Aristoteles eine Wissenschaft, die später Biologie genannt wird. Er schreibt ferner die Physik, in der er seine naturphilosophischen Vorstellungen erläutert.
347 v. Chr.	Nach dem Tod Platons verlässt Aristoteles die Akademie (und Athen).
342 v. Chr.	Aristoteles wird Erzieher des 13-jährigen Sohns von König Philipp von Makedonien. Der Junge wird als Alexander der Große berühmt.
341 v. Chr.	Aristoteles trifft am Hof von König Philipp ein, wo er etliche Jahre bleibt.
335 v. Chr.	Aristoteles kehrt nach Athen zurück, um eine eigene Schule für Philosophie, das Lyzeum, zu gründen. Viele seiner Werke stammen aus dieser Zeit.
323 v. Chr.	Alexander der Große stirbt. Da die Makedonier in Athen nicht gern gesehen sind, zieht sich Aristoteles nach Chalcis/Euböa zurück, die zweitgrößte der Ägäischen Inseln.
322 v. Chr.	Aristoteles stirbt im Alter von 62 Jahren in Chalcis.
60 v. Chr.	Seine Werke werden von Andronicus von Rhodos erstmals veröffentlicht.

Parthenon

EIN ZENTRUM DES LERNENS
Die Ruinen des Parthenon ragen über der griechischen Stadt Athen auf. Der Politiker Perikles ließ den Tempel ab 447 v. Chr. erbauen, um Macht und Wohlstand des Staates Athen zu demonstrieren. Die Stadt entwickelte sich zum Mittelpunkt der Künste und der Gelehrsamkeit. Sie zog insbesondere Philosophen an, die über die Welt und über Möglichkeiten, die Welt zu verstehen, nachdachten.

GESPRÄCHE IM WANDELGANG
Auf Gemälden aus der Renaissance-Zeit ist Aristoteles häufig abgebildet. Mit einem herrlichen Fresko aus dem 16. Jh., das den Vatikan in Rom schmückt, feiert Raffael die antike Gelehrsamkeit. Aristoteles und sein Lehrer Platon – im Zentrum des Wandgemäldes – sind von Philosophen umgeben. Platon zeigt zum Himmel, während Aristoteles auf den Boden weist, um sein Interesse für die Erde zu bekunden. In dem Lyzeum, das Aristoteles 335 v. Chr. in Athen gründete, diskutierten die Studenten ihre Ideen in überdachten Wandelgängen, den *peripatoi*. Deshalb wurden Aristoteles' Anhänger auch Peripatetiker genannt.

Raffaels Werk *Die Schule von Athen* in den Stanzen des Vatikans, 1505–1511 n. Chr.

FALLENDE GEGENSTÄNDE

Aristoteles dachte, alles auf der Erde sei aus den vier Elementen Erde, Feuer, Wasser und Luft zusammengesetzt. Ein Stein (großenteils Erde) werde zur Erde hinabgezogen, während Rauch (großenteils Luft) nach oben steige. Die Fallgeschwindigkeit hänge vom Gewicht ab: Schwerere Objekte fielen schneller. Der Vergleich zwischen einem Stein und einer Feder scheint dies zu bestätigen. Es liegt aber am Luftwiderstand, dass die leichte Feder so langsam fällt. Lässt man ihn außer acht, ist die Geschwindigkeit bei allen Objekten gleich, wie Galileo (S. 16–17) fast 2000 Jahre später nachwies.

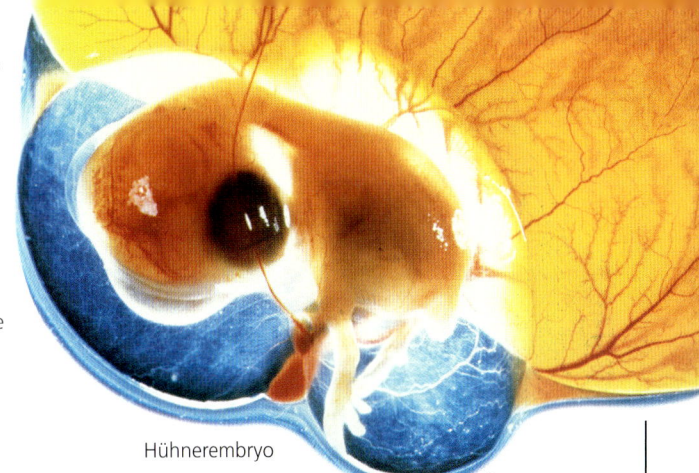

Hühnerembryo

TIERE GENAU ANSCHAUEN

Aristoteles untersuchte die Natur, insbesondere Lebewesen. Er lieferte detaillierte Beschreibungen von Tieren, widmete sich ihrer Bewegung und Fortpflanzung und sezierte 50 Arten. So beobachtete er die Entwicklung eines Hühnerembryos und beschrieb sie genau in einem Bericht. Beim Erforschen eines Tiers (oder Gegenstands) berücksichtigte er vier Ursachen. Er fragte „Woraus ist es gemacht? Was ist seine Form oder sein Wesen? Wie ist es entstanden? Worin liegt sein Zweck?" Anhand der Antworten teilte er die Tiere in Gruppen ein.

Feder fällt wegen des Luftwiderstands langsamer.

Der erste Beweger, hier als Gott der Christen dargestellt

Feuer *Luft* *Wasser und Erde*

Mondsphäre

Sonnensphäre

Sphäre für die Planeten Saturn, Jupiter, Mars, Venus und Merkur mit ihren Symbolen

Himmelssphäre mit Fixsternen und astrologischen Symbolen

KRISTALLSPHÄREN

Aristoteles dachte, das Universum bestehe aus durchsichtigen Sphären, die sich, von außen angetrieben, durch eine weitere Sphäre, den sogenannten ersten Beweger, ineinander und um die Erde drehten. Diese Vorstellung einer unbewegten Erde und eines Weltalls, in dem alles seinen Platz hat, blieb bis Mitte des 16. Jh. erhalten. Das Schaubild zeigt im Zentrum die Erde mit den vier Elementen sowie die Sphären der Sonne, des Mondes, der sechs Planeten und der Sterne.

Universum mit der Erde im Zentrum, 1539, nach Aristoteles und Claudius Ptolemäus (um 85–165 n. Chr.)

> „Weisheit ist das Wissen von Prinzipien und Ursachen."
>
> Aristoteles
> *Metaphysik,* um 350 v. Chr.

DIE VIER KÖRPERSÄFTE

Griechische Gelehrte sahen eine Beziehung der vier Elemente zu den Körpersäften, dem menschlichen Charakter und den Jahreszeiten. Schleim stehe für die ruhige Persönlichkeit (Phlegmatiker), Winter (kalt und feucht) und Wasser. Blut für einen heiteren Charakter (Sanguiniker), Frühling (warm und feucht) und Luft. Gelbe Galle wurde mit Aktivität (Choleriker), Sommer (warm und trocken) und Feuer verbunden, schwarze Galle mit einem depressiven Temperament (Melancholiker), Herbst (kalt und trocken) und Erde. Der Mensch sei gesund, wenn seine Säfte ausbalanciert seien.

Phlegmatiker *Sanguiniker*

Melancholiker *Choleriker*

Die Körpersäfte, Stich aus dem 16. Jh.

Archimedes

ARCHIMEDES (287–212 v. Chr.)
Dieses Porträt von Giuseppe Nogari aus dem 18. Jh. zeigt Archimedes als älteren Mann mit Zirkel. Die ersten Lebensberichte über Archimedes entstanden lange nach seinem Tod. Wegen der vielen Legenden über ihn ist schwer festzustellen, ob sie den Tatsachen entsprechen.

Jahrhundertelang blieb eine Schrift des Mathematikgenies Archimedes in einem mittelalterlichen Manuskript verborgen, das sich heute im Walter Art Museum in Baltimore (USA) befindet. Als man die Gemälde von dem Pergament abkratzte und die Seiten röntgte, kam das griechische Original zum Vorschein, die einzige bekannte Abschrift von Archimedes' Abhandlung über den Auftrieb, *Traktat über schwimmende Körper*. Archimedes schätzte seine mathematischen Leistungen besonders hoch, vor allem die Ableitung des Kugelvolumens aus dem Inhalt eines Zylinders. Er wandte mathematische Prinzipien an, um die Funktionsweise von Hebeln und Flaschenzügen zu erklären, und konstruierte Maschinen, die mit relativ geringem Aufwand Wasser und Lasten hoben. Der König des Stadtstaates Syrakus auf Sizilien, wo Archimedes geboren worden war, suchte häufig seinen Rat.

287 v. Chr.	Archimedes wird als Sohn des Astronomen Phidias in Syrakus auf Sizilien (heute Italien) geboren.
275 v. Chr.	König Hiero II., ein enger Freund oder Verwandter Archimedes', wird Militärherrscher von Syrakus.
um 269 v. Chr.	Es heißt, Archimedes habe in Alexandria (Ägypten) die Schule des griechischen Mathematikers Euklid besucht und dort die Schraubenpumpe erfunden.
um 265 v. Chr.	Archimedes berechnet den Goldanteil von Hieros Krone, nachdem er das Prinzip des Auftriebs beim Baden entdeckt hat.
um 263 v. Chr.	Rückkehr nach Syrakus. Archimedes entwickelt hier die Prinzipien der Mechanik und des Auftriebs sowie Methoden zur Berechnung von Oberfläche und Volumen geometrischer Körper.
um 215 v. Chr.	Hiero II. von Syrakus stirbt. Ihm folgt sein Enkel nach, der 15-jährige Hieronymus, der etwa ein Jahr später ermordet wird.
213 v. Chr.	Die Römer unter Marcus Claudius Marcellus belagern Syrakus.
212 v. Chr.	Archimedes stirbt während der römischen Invasion.

ALEXANDRIA
Die von Alexander dem Großen 313 v. Chr. an der ägyptischen Küste gegründete Stadt stieg zum griechischen Handels- und Bildungszentrum auf. Archimedes soll während seines Studiums dort Euklid (um 325–265 v. Chr.) begegnet sein, dem herausragenden Mathematiker, der das Geometriebuch *Die Elemente* verfasst hat.

Höher gelegener Bewässerungskanal

Dichterer Squashball verdrängt mehr Wasser als der Tischtennisball.

Ball aus massivem Hartholz geht fast ganz unter.

Schwerer Golfball sinkt auf den Grund.

Leichter Tischtennisball taucht kaum ins Wasser ein.

Die Dichte – das Verhältnis von Masse und Volumen – des Wassers ist geringer als die des Golfballs.

DAS ARCHIMEDISCHE PRINZIP
Hier schwimmen drei Bälle unterschiedlich tief im Wasser, ein vierter liegt auf dem Grund. Die Erklärung: Ein Körper sinkt so lange, bis er die seinem Gewicht entsprechende Menge an Flüssigkeit verdrängt hat. Übersteigt seine Dichte die der Flüssigkeit, geht er unter. Archimedes berechnete, dass schwimmende Körper durch eine Auftriebskraft getragen werden, die genauso groß ist wie die Gewichtskraft der verdrängten Flüssigkeit.

Archimedes im Bad, kolorierter Stich von 1547

DER WERT EINER KRONE
Archimedes sollte herausfinden, so berichtet der römische Architekt Vitruv, ob die Krone König Hieros II. wirklich ganz aus Gold war. Als der Gelehrte in einem Bad in eine volle Wanne stieg, lief das Wasser über. Er sprang heraus und eilte, „Heureka!" rufend, nackt nach Hause. Sein Körper hatte die seinem Gewicht entsprechende Wassermenge verdrängt. Das Prinzip übertrug er auf die Krone: Eine Goldkrone würde weniger Wasser verdrängen als eine, die auch das schwerere Silber enthielt.

„Heureka!"
(Ich hab's gefunden)
Archimedes nach Vitruv, 1. Jh. v. Chr.

Mit geringer Leistung wird durch Drehen des Griffs die schwere Last gehoben.

Wasser fließt aus dem Rohr in den Bewässerungskanal.

Schraubenpumpe und Wasserrad, gezeichnet von Leonardo da Vinci, aus dem *Codex Atlanticus*, 1503–1507

Last

Zum Heben der Last erforderliche Leistung

Über zwei Räder laufendes Seil

Schwerere Last

Beim Flaschenzug übt dieselbe Leistung eine stärkere Kraft aus.

FLASCHENZUG
„Gib mir, wo ich stehen kann, und ich werde die Welt bewegen", lautet ein Satz von Archimedes. Zum Beweis, dass das auch für etwas ganz Schweres gilt, erfand er ein System von Rollen, über die ein Seil geführt wird. Wird an einem Ende des Seils gezogen, verstärkt ein solcher Flaschenzug die Kraft, denn das Seil bewegt sich langsamer nach oben als die Last. Diese Kraft, physikalisch „Leistung" genannt und hier als Gewicht mit Haken unten dargestellt, ist in allen Beispielen gleich, doch die Last, die sie hebt – die Gewichte ohne Haken unten –, ist größer, je häufiger das Seil über die Rollen geführt wurde.

Flusswasser liegt tiefer.

Ansteigende Blätter schöpfen beim Drehen Wasser.

Schnittdiagramm durch die Archimedische Schraube, die zum Bewässern genutzt wird.

DIE SCHRAUBENPUMPE (ARCHIMEDISCHE SCHRAUBE)
Archimedes erfand dieses raffinierte Gerät, mit dem sich Wasser nach oben bewegen lässt, um Land zu bewässern oder Schiffe leer zu pumpen. Es ist bis heute in Gebrauch. Die Schraube besteht aus einer spiralförmigen Welle mit ansteigenden Blättern in einem Rohr. Wenn man mit einer Kurbel die Welle dreht, rotieren die Blätter, schöpfen unten das Wasser und befördern es hinauf. Bei den späteren Modellen in der Zeichnung des Renaissancekünstlers und -erfinders Leonardo da Vinci (1452–1519) befindet sich die Welle in spiralförmigen Rohren.

DIE BELAGERUNG VON SYRAKUS
Römische Ruder-Kriegsschiffe, wie hier auf einem Relief aus dem 1. Jh. v. Chr. dargestellt, waren eine mächtige Waffe. Als Syrakus 212 v. Chr. durch Marcellus' Flotte belagert wurde, kamen Archimedes' Kriegsmaschinen zum Einsatz, darunter eine „Kralle" mit einem Eisenhaken an einer beschwerten, mit Hebeln zu bedienenden Stange, die feindliche Schiffe ergreifen und umkippen konnte.

Zhang Heng

Im zweiten Jahrhundert n. Chr. war China in Wissenschaft und Technik auf vielen Gebieten führend. Billiges Papier, genaue Wasser- und Sonnenuhren, der Kompass, der Druck mit beweglichen Lettern, das Schießpulver und die Akupunktur wurden dort viel früher genutzt als anderswo. Der Astronom und Mathematiker Zhang Heng war ein prinzipientreuer und vielseitiger Beamter am Hof des Han-Kaisers. Er führte das Gitternetz auf Karten ein, untersuchte Mondfinsternisse und kartierte mit einer beweglichen Himmelssphäre 2500 Sterne. Zhang Heng erfand auch ein Hodometer – ein sich um die eigene Achse drehendes Gerät zur Entfernungsmessung – und ein Erdbeben-Warnsystem.

ZHANG HENG (78–139 n. Chr.)
Diese Porzellanstatue zeigt Zhang Heng mit goldener Himmelssphäre. Er beherrschte die Kunst des Zeichnens, Schreibens und Dichtens und widmete sich mit etwa 30 Jahren der Astronomie. Als Beamter kämpfte er gegen Korruption im Staatsdienst.

CHINESEN FERTIGEN PAPIER
Im alten China wurde das Papier zum Trocknen aufgehängt. Der kaiserliche Sekretär Cai Lun (50–121 n. Chr.) verbilligte die Papierherstellung, indem er Pflanzenfasern verwendete. Das neue Papier war auch leichter und dünner. Es ersetzte Seide als Schreibmaterial der Gebildeten und trug viel zur Verbreitung von Kenntnissen innerhalb Chinas und später im Nahen Osten und in Europa bei.

Papierherstellung in China, Gemälde, 18. Jh.

78	Zhang Heng wird in Shiqiao nahe dem heutigen Nanyang in der Provinz Henan (China) geboren. Er verlässt seine Heimat, um Literatur zu studieren und Dichter zu werden.
106	Der östliche Han-Kaiser An Di besteigt den Thron. Er residiert in einem großen Palastkomplex in Luoyang/Provinz Henan.
um 108	Zhang Heng wird als Poet und Autor berühmt und beginnt, sich mit Astronomie zu beschäftigen.
111	Er arbeitet für die Regierung und ist schließlich für Astronomie, Astrologie, die Kalender und die Wettervorhersage verantwortlich.
123	Seine Reform passt Chinas Kalender besser an die Jahreszeiten an.
132	Er entwickelt ein Gerät zur „Messung saisonaler Winde und Erdbewegungen" und eine mit Wasser betriebene Armillarsphäre.
138	Zhang Hengs Warnsystem registriert ein Erdbeben in Longxi (China).
139	Tod im Alter von 61, er bleibt als Literat und Gelehrter im Gedächtnis.

> „Der Himmel ist wie ein Hühnerei …
> die Erde ist wie das Eidotter."
> Zhang Heng
> in seinem Astronomiebuch *Ling Xiang*

Himmelsäquator

Himmelsmeridian

Nachbildung von Zhang Hengs Armillarsphäre, 1439

DER HIMMELSGUCKER
Zhang Heng erfand die erste Armillarsphäre, die sich mithilfe wassergetriebener Vorrichtungen um die eigene Achse dreht – hier zu sehen als Messingreplik in Nanjing (China). Das Modell zeigt eine erdachte Himmelssphäre, von der die Erde umgeben und die in ineinandergreifende Ringe unterteilt ist. Die Ringe stehen für vorgestellte Linien, darunter ein Himmelsäquator und Himmelsmeridiane, die über die Pole führen. An allen sind Skalen aufgetragen, mit deren Hilfe Astronomen Sterne verorten können.

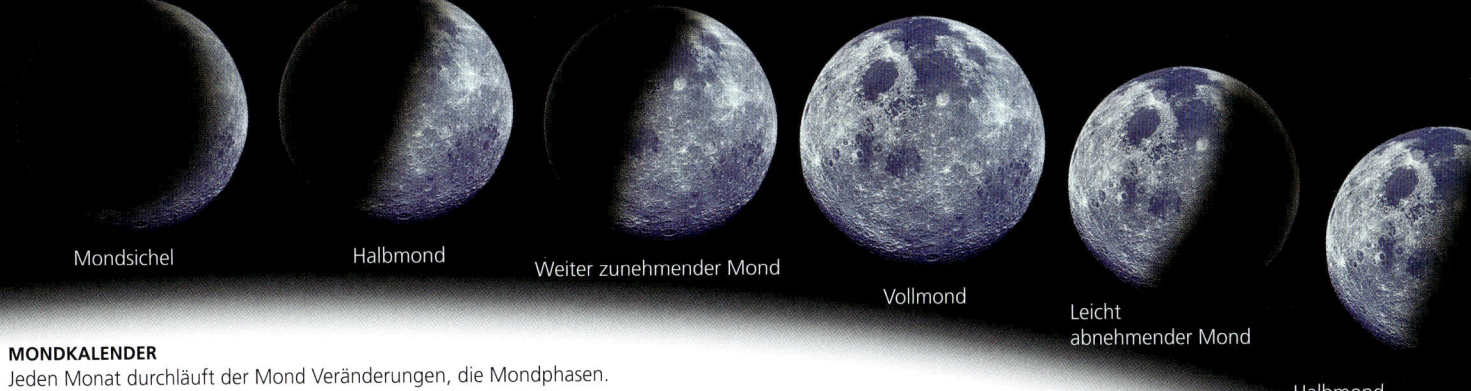

Mondsichel | Halbmond | Weiter zunehmender Mond | Vollmond | Leicht abnehmender Mond | Halbmond

MONDKALENDER
Jeden Monat durchläuft der Mond Veränderungen, die Mondphasen. Am Anfang eines Zyklus nimmt er zu, bis er zum Vollmond wird, danach nimmt er ab und wird zum Neumond. Ein Zyklus, auch Mondwechsel genannt, dauert durchschnittlich 29,5 Tage. Im traditionellen chinesischen Kalender beginnt jeder Monat mit dem Neumond und dauert einen Mondwechsel, was ein Jahr von 354 Tagen ergibt. Damit die Monate nicht „wandern", sondern immer in dieselbe Jahreszeit fallen, nahm Zhang Heng Kalenderanpassungen vor.

- Zentrales Pendel
- Gruppe von Hebeln
- Acht Drachenköpfe weisen in die Haupthimmelsrichtungen.
- Kröten mit offenem Maul zum Fangen des Balls

Rekonstruktion von Zhang Hengs Erdbebendetektor

ERDBEBENDETEKTOR
Nachdem er mehrere Erdbeben in China erlebt hatte, erfand Zhang Heng ein Warngerät. Experten rätseln bis heute, wie es funktionierte. In dieser Rekonstruktion versetzen Erderschütterungen ein Pendel im Innern eines Bronzegefäßes in Bewegung. Hierdurch wird über einen Hebel das Maul eines Drachen geöffnet. Daraus fällt ein Ball in das Krötenmaul darunter. Das Geräusch bedeutet Erdbebenalarm und das leere Drachenmaul zeigt die Richtung des Bebens an. Berichten zufolge soll Zhang Hengs Gerät ein 640 km entferntes Beben registriert haben.

SPIEL MIT DEM FEUER
Während der Han-Dynastie (206 v. Chr.– 220 n. Chr.) wollten Alchemisten das Geheimnis des Lebens entdecken und mischten dazu Schwefel und Salpeter – mit explosivem Ergebnis: Die Verbindung dieser Stoffe nennt man heute Schießpulver. Um 1050 n. Chr. kam es zum Einsatz, um bei Feiern ein buntes Feuerwerk zu entzünden, und das Militär schoss damit Pfeile und Lanzen ab.

Querschnitt durch Zhang Hengs Erdbebendetektor

DIE SEIDENSTRASSE
Im 13. Jh. unternahm Marco Polo seine weltberühmte Reise von Venedig nach China entlang der Seidenstraße. Die Handelsroute – es war eine von vielen – führte über 8000 km quer durch China und Zentralasien bis nach Europa. Unter den Han-Kaisern nahm der Verkehr auf der Seidenstraße zu. Kamele brachten Seide, Jade, Eisen und Keramik nach Westen und im Austausch dafür Gold und Delikatessen nach China. Zu den Erfindungen, die eventuell über diese Route aus China hinausgelangten, gehören der Druck, das Schießpulver, das Astrolabium und der Kompass.

Marco Polos Route nach China und wieder zurück (1271–1295)

Alhazen

Während Europa nach Ende des Römischen Reichs 476 n. Chr. die Verbindung zur Gelehrsamkeit der alten Griechen verlor, brach im Nahen Osten ein Goldenes Zeitalter an. 762 wurde Bagdad (Irak) Hauptstadt eines neuen islamischen Reichs, das unter der Herrschaft der Abbasiden-Kalifen stand. Die Wissenschaft blühte, in Akademien wie dem „Haus der Weisheit" wurden Texte aus Griechenland, Indien, Persien (heute Iran) übersetzt und studiert. Alhazen aus dem nahe gelegenen Basra tat sich in Physik, Mathematik (besonders Geometrie), Medizin und Astronomie hervor. Viele sehen in ihm den Begründer der wissenschaftlichen Optik, da er Experimente zur Reflexion und Beugung von Licht durchführte und die Ergebnisse mithilfe der Mathematik analysierte.

ALHAZEN (965–1040)
Alhazens siebenbändiges *Buch der Optik* zeigt, wie systematisch er vorging. Seine Theorien stützen sich auf genaue Analysen der Eigenschaften des Lichts. Er schickte es durch Linsen und Wassergefäße, ließ es von flachen und gewölbten Spiegeln zurückwerfen, er studierte das Mondlicht, Finsternisse, Schatten und Sonnenuntergänge.

965	Abu Ali al-Hasan Ibn al-Haitham, auch als Alhazen bekannt, wird in Basra (Persien, heute Irak) geboren. Erziehung in Basra und Bagdad.
969	Die Fatimiden-Kalifen (islamische Herrscher) erobern das Niltal und gründen Kairo (Ägypten).
975	Al-Hakim wird Kalif von Ägypten. Er ist ein Gewaltherrscher, fördert aber die Gelehrsamkeit.
um 1000	Alhazen verfasst Werke über Optik, Astronomie und Mathematik.
um 1015	Er geht nach Ägypten, um auf Bitten Al-Hakims den Nil zu regulieren – eine Aufgabe, die sich als undurchführbar erweist.
um 1020	Der Philosoph Ibn Sina (Avicenna) schreibt seine großen wissenschaftlichen Werke *Buch der Genesung* und *Kanon der Medizin*.
1021	Al-Hakim stirbt. Den Quellen zufolge ging Alhazen entweder nach Spanien oder blieb in Ägypten.
1027	Er gibt seinen Beamtenposten auf, um sich der Wissenschaft zu widmen.
1040	Alhazen stirbt, vielleicht in Ägypten.
1270	Sein umfangreiches Werk *Buch der Optik* erscheint unter dem Titel *Opticae Thesaurus Alhazeni* auf Latein und beeinflusst Gelehrte in Europa, darunter Roger Bacon.

ASTRONOMISCHER COMPUTER
Arabische Astronomen perfektionierten das Astrolabium, ein im Mittelalter unverzichtbares Instrument zur Bestimmung des Sternenstands und der Uhrzeit. Auch andere Berechnungen ließen sich damit anstellen. Dieses Messing-Exemplar besteht aus einer Himmelskarte mit der Erde im Zentrum und einem beweglichen „Zifferblatt". Die Zeiger stehen für Fixsterne.

Bewegliche Sternenkarte

Ägyptisches Astrolabium, um 1100

Grundplatte mit Linien zum Rechnen

Arabische Kalligrafie auf Pergament

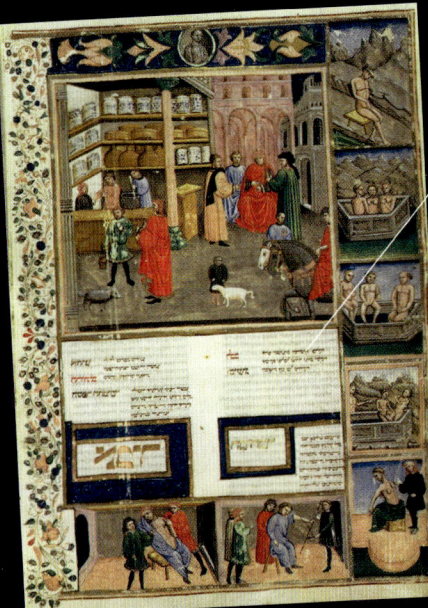

Seite aus Avicennas *Kanon der Medizin*, Exemplar aus dem 14. Jh.

ISLAMISCHE MANUSKRIPTE
Kostbare Manuskripte hielten für Gelehrte Wissensschätze bereit. Bei diesem persischen Medizinbuch wurde der Text mit der Hand auf Pergament geschrieben und mit Miniaturen illustriert. Islamische Gelehrte wie Alhazen lasen, kopierten und übersetzten griechische Texte, häufig fügten sie auch Kommentare hinzu.

Die osmanische (türkische) Illustration (17. Jh.) der *Abhandlung über Medizin* zeigt Avicenna mit Waage.

FORTSCHRITTLICHE MEDIZIN
Der persische Philosoph Ibn Sina (980–1037), auch Avicenna genannt, ein Zeitgenosse Alhazens, lehrt hier seine Schüler, eine Arznei gegen Windpocken anzurühren. Sein Lexikon *Kanon der Medizin* vereint Kenntnisse griechischer Gelehrter und islamischer Ärzte. Medizin ist darin als Kunst definiert, die Gesundheit zu erhalten bzw., wenn nötig, wiederherzustellen. Der Körper ist danach aus Erde, Luft, Feuer und Wasser aufgebaut.

DIE STADT KAIRO

Kurz nach der Gründung 969 begann man in Kairo mit dem Bau der großen Moschee, deren Universität eine der ältesten der Welt ist. Alhazen unterrichtete hier wahrscheinlich einige Jahre, schrieb und kopierte Manuskripte. Es heißt, der Kalif Al-Hakim habe ihn nach Ägypten geholt, damit er den Nil regulierte. Als das Vorhaben fehlschlug, hatte Alhazen Todesangst, denn Al-Hakim war unberechenbar. Zum Schutz spielte Alhazen bis zu dessen Tod den Verrückten.

Die Al-Azhar-Moschee in Kairo (Ägypten)

IM INNEREN DES AUGES

Einige ältere Gelehrte meinten, Augen würden Lichtstrahlen aussenden. Alhazen widerlegte das experimentell und bewies, dass Licht ins Auge eintritt und dabei Informationen transportiert. Er beschrieb als Erster die Bestandteile des Auges und erklärte, wieso erst dessen Verbindung zum Gehirn bewirkt, dass wir etwas sehen. Licht tritt, von der Hornhaut gebeugt, durch die Pupille ins Auge ein und gelangt durch die Linse auf die Netzhaut. Von dort wird die Information des Lichts über den Sehnerv als Impuls ans Gehirn weitergegeben. Sein Werk *Opticae Thesaurus* wurde erstmals 1572 veröffentlicht.

Muskel bewegt Augapfel.
Tränendrüse
Sehnerv übermittelt Information von der Netzhaut zum Gehirn.
Schädel
Augapfel
Linse
Hornhaut vorn am Auge, dahinter farbige Iris. Pupille: das Loch in der Mitte

DÄMMERLICHT

Wenn die Sonne unter dem Horizont verschwindet, sieht man noch eine Weile ein Glühen. Alhazen errechnete, gestützt auf Untersuchungen des Lichts und der Atmosphäre, dass der Schein verschwindet, wenn die Sonne etwa 19 Grad unterhalb des Horizonts ist. Wie er zeigen konnte, wird das Licht durch die Atmosphäre gebeugt: Seine Strahlen ändern bei ihrem Weg durch Stoffe unterschiedlicher Dichte ihre Richtung.

> „Nicht ein Strahl, der das Auge verlässt und auf den Gegenstand trifft, ruft das Sehen hervor."
>
> Alhazen
> in seinem *Buch der Optik*, 11. Jh.

Schaubild des menschlichen Auges aus Alhazens *Opticae Thesaurus*

Die Mezquita, Córdoba (Spanien)

DAS SPANIEN DER MAUREN

Der Blick ins Innere dieses berühmten Bauwerks zeugt von einer Blütezeit der Baukunst in Südspanien unter maurischer (muslimischer) Herrschaft (711–1402). Als Moschee errichtet, wird es heute als katholische Kirche genutzt. Von 929 bis 1236 war Córdoba die Hauptstadt eines islamischen Reichs, das sich bis nach Nordafrika erstreckte. Eine hohe Einwohnerzahl, viele Paläste und Bibliotheken sowie eine Atmosphäre der religiösen Toleranz ließen in der Stadt die Gelehrsamkeit blühen. Von dort aus gelangten Erkenntnisse und Ideen ins christliche Nordeuropa.

DER KOMMENTATOR VON CÓRDOBA

Ibn Ruschd, auch Averroes genannt (1126–1198), aus Córdoba schrieb Kommentare zu Aristoteles und weckte in Europa neues Interesse an dem Denker. Averroes – Experte in Mathematik, Medizin und Jura – meinte, Glaube und Vernunft stünden nicht im Widerspruch. Dieses Averroes-Porträt Benozzo Gozzolis von 1471 zeigt, dass seine Ideen Bestand hatten.

Roger Bacon

ROGER BACON (um 1214–1292)
Dieses Bild von Bacon, das lange nach seinem Tod entstand, zeigt ihn in der Mönchskutte. Im Franziskanerkloster wurde er wegen seiner Ansichten von anderen Gelehrten ferngehalten. Doch seine fortschrittlichen Ideen trugen ihm den Respekt späterer Wissenschaftlergenerationen ein.

„Doctor Mirabilis" (wunderbarer Lehrer) lautete der Beiname des mittelalterlichen Philosophen Roger Bacon. In einer Zeit, in der Europa bei den Naturwissenschaften hinter den Erkenntnissen der arabischen Welt zurückblieb, war er unermüdlich auf der Suche nach der Wahrheit. Im 13. Jahrhundert konnten außer den Geistlichen nur wenige Menschen lesen und schreiben. Nachdem er an den Universitäten von Paris und Oxford das Werk des Aristoteles gelehrt hatte, wurde Bacon Franziskanermönch. Er fasste seine Anschauungen zu Mathematik, Physik, Grammatik und Philosophie in einem gewaltigen Buch, *Opus Majus,* zusammen und übersandte es seinem Gönner, Papst Clemens IV. in Rom. Doch der Papst starb, bevor er das außergewöhnliche Werk gelesen hatte. Bacon wurde schließlich wegen seiner Ansichten von den Franziskanern in Haft genommen.

LEBEN IM KLOSTER
Ein Franziskanermönch sitzt an seinem Pult im Schreibzimmer. Bacon wollte seine Studien der Naturwissenschaften und Sprachen fortsetzen, als er 1253 in ein Franziskanerkloster in Oxford eintrat. Er war überzeugt davon, dass Erkenntnisse über die Natur grundlegend für das Verständnis Gottes seien. Dies widersprach aber dem, was die Franziskaner lehrten. Wegen seiner Ansichten wurde er nach Paris geschickt, wo man ihm weitere Forschungen untersagte. Unerschrocken machte er sich an eine Reform des christlichen Kalenders.

um 1214	Geboren wahrscheinlich in Ilchester im englischen Somerset als Spross einer Grundbesitzerfamilie.
1227	Besucht mit 13 Jahren die Universität Oxford. Erwirbt dort den Magistertitel und hält bis 1241 Vorlesungen über Aristoteles.
1241	Reist nach Frankreich und lehrt an der Universität Paris, dem damaligen Zentrum des Geisteslebens in Europa.
1247	Kehrt nach Oxford zurück, wo er Bücher und Geräte erwirbt und sich ganz seinen Studien und dem Unterrichten widmet.
um 1253	Tritt dem Franziskanerorden in Oxford bei.
1256	Wird in ein Pariser Kloster geschickt – abgeschirmt arbeitet er an einer Kalenderreform.
1266	Schlägt in einem Brief an Papst Clemens IV. Verbesserungen im Lehrplan vor.
1267	Übersendet Papst Clemens IV. eine Zusammenfassung seines enzyklopädischen *Opus Majus* (Großes Werk).
1268	Schickt weitere Bücher – *Opus Minus* (Kleineres Werk) und *Opus Tertium* (Drittes Werk) – nach Rom. Im selben Jahr stirbt der Papst.
1278	Verbringt vermutlich zehn Jahre in Klosterhaft beim Franziskanerorden in Ancona (Italien).
1292	Stirbt in Oxford.

AUFSCHWUNG DER BILDUNG
Muslimische Araber eroberten 712 die spanische Stadt Toledo und machten sie zu einem bedeutenden Zentrum der Mauren. Als die Spanier sich die Stadt 1085 zurückholten, verwahrten sie maurische Manuskripte in einer großen Bibliothek und Übersetzerschule. Europäische Gelehrte kamen in Scharen, um die wissenschaftlichen und philosophischen Werke zu studieren. Darunter befanden sich auch griechische Schriften, z. B. von Aristoteles, die in Europa verlorengegangen waren.

Alchemistische Apparatur

Glaskolben, Retorte genannt, zum Destillieren

Öl wird durch eine Flamme erhitzt.

Sanduhr zur Zeitmessung

Flasche für Mineralienproben

FASZINIERT VON LICHT UND LINSEN

Dieses von Bacon oder seinem Lehrer Robert Grosseteste (um 1170–1253) gezeichnete Diagramm zeigt die Brechung (den Richtungswechsel) eines Lichtstrahls, der durch einen Glasbehälter mit Wasser fällt. Inspiriert von Alhazen (S. 12–13), befasste sich Bacon mit Optik (Eigenschaften von Licht und sein Zusammenspiel mit Materie). Er untersuchte die Wirkung von Spiegeln und Vergrößerungsgläsern und zeigte seinen Studenten, wie Licht einen Regenbogen entstehen lässt, wenn es durch Glasperlen fällt.

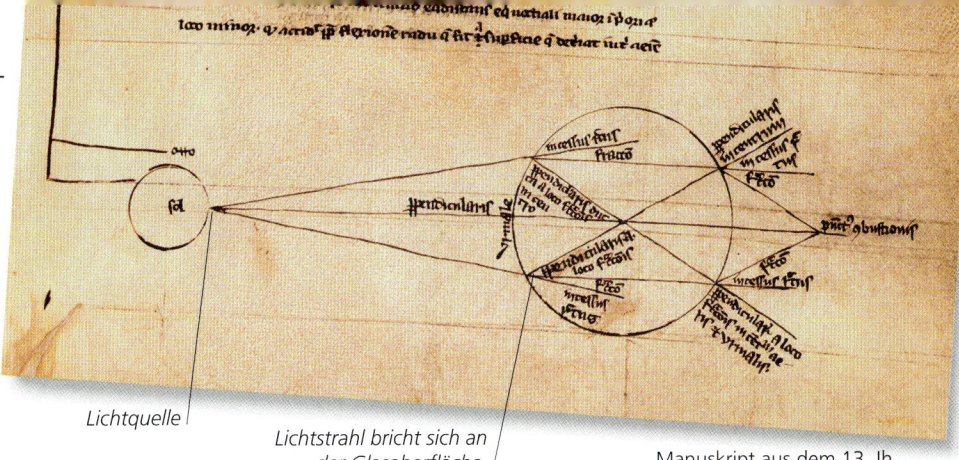

Lichtquelle

Lichtstrahl bricht sich an der Glasoberfläche.

Manuskript aus dem 13. Jh., das die Lichtbrechung illustriert

Holz wird beim Verbrennen zu Rauch und Asche.

DURCH VERSUCH ZUR ERKENNTNIS

Frühere Lehren zu hinterfragen, war zu Bacons Zeit unter Gelehrten nicht üblich. Bacon aber forderte eine Überprüfung: Man könne jemandem sagen, dass Feuer brennt. Aber derjenige müsse selbst etwas ins Feuer legen und so dessen Wirkung erfahren, um überzeugt zu sein, dass man ihm die Wahrheit gesagt hat.

> „Empirische Wissenschaft ist die Königin der Erkenntnis…"
>
> Roger Bacon
> *Opus Tertium*, 1267

KIRCHENKALENDER

Im europäischen Mittelalter bestimmten Kirchenkalender und wechselnde Jahreszeiten das Leben der Menschen. Jeder Monat hatte seine besonderen Aufgaben und die Christenpflichten waren strikt zu erfüllen. Das französische Manuskript aus dem 15. Jh. illustriert den Monat März mit Bauern, die Felder bestellen, und einer Gemeinde in der Kirche. Der christliche Kalender war ungenau berechnet, sodass jedes Jahr etwas Zeit verloren ging. Bacon setzte sich für eine Reform ein. Eingeführt wurde sie aber erst 300 Jahre später.

ALCHEMISTISCHE EXPERIMENTE

Solche fast modern wirkenden Glaskolben wurden in der Alchemie verwendet, einem Vorläufer der Chemie, der sich im Mittelalter von Alexandria (Ägypten) nach Europa verbreitete. Alchemisten experimentierten mit Substanzen. Oft versuchten sie, eine Substanz in eine andere zu verwandeln, z. B. Blei in Gold. Bacon interessierte sich für Alchemie und Astrologie, die Lehre über den Einfluss der Sterne auf das Alltagsleben. Beide Disziplinen haben eine spirituelle Seite und gelten heute nicht mehr als Wissenschaft.

Stundenbuch der Maria von Burgund aus dem 15. Jh.

Bewegliches Zifferblatt mit Tierkreiszeichen

Bewegliches Zifferblatt mit Sonne und Mond

24-Stunden-Skala

Hier kondensiert Öldampf.

Mit Öl gefülltes Destillationsfläschchen

Mörser und Stößel zum Zermahlen

Stopfen mit Trichter

Röhrchen zum Aufbewahren von Proben

Kristallkugel, um die Zukunft vorherzusagen

Uhr aus Prag (Tschechien), um 1410

MECHANISCHE ZEIT

Astronomische Uhren verdeutlichen die mittelalterliche Vorstellung von einem wohlgeordneten Universum mit der Erde als Mittelpunkt. Bei dieser Uhr zeigen bewegliche Zifferblätter die Positionen von Sonne und Mond sowie die Tierkreiszeichen, die flache, feststehende Scheibe dahinter stellt die Erde dar. Richard von Wallingford (1292–1336) entwarf die frühesten astronomischen Geräte für die englische Abtei St. Alban.

Galileo Galilei

Der Italiener Galileo Galilei leistete Bahnbrechendes in der Mathematik, der Physik und der Astronomie. Zu seinen Lebzeiten waren die italienischen Stadtstaaten Zentren der wiedererwachten Gelehrsamkeit und der Buchdruck sorgte für die rasche Verbreitung neuer Ideen. Unter dem Eindruck von Archimedes (S. 8–9) suchte Galileo seine Fragen nicht mit Mitteln der Logik zu beantworten, sondern mit der Mathematik. Seine Auffassung, dass es wichtig sei, Beweise zu sammeln, um eine Theorie zu stützen, markiert einen Wendepunkt in der naturwissenschaftlichen Arbeitsweise. Er führte Experimente mit bewegten Objekten durch, um neue physikalische Gesetze zu beweisen. Zu seinen Erfindungen auf dem Gebiet der Mechanik gehörte ein starkes Fernrohr, das Geheimnisse des Sonnensystems enthüllte. Weil er mit Traditionen brach, geriet er in Konflikt mit der katholischen Kirche.

DIE FALLGESETZE
Einer Legende zufolge warf Galilei Gegenstände vom Schiefen Turm von Pisa, um zu beweisen, dass Objekte, egal wie groß und schwer sie sind, im selben Tempo fallen. Wahrscheinlich führten andere dieses Experiment durch, um zu zeigen, dass die Fallgesetze, die Galilei nach ähnlichen Experimenten 1604 formuliert hatte, falsch waren. Die Gesetze standen im Widerspruch zu Annahmen Aristoteles.

GALILEO GALILEI (1564–1642)
Nach dem Willen seines Vaters, eines Hofmusikers, sollte Galilei Arzt werden, doch er entschied sich für die Mathematik. Das war der Einstieg in eine bemerkenswerte Wissenschaftlerkarriere.

1564	Am 15. Februar in Pisa geboren, als Ältestes von sechs oder sieben Kindern.
1589	Wird auf den Mathematik-Lehrstuhl der Universität Pisa berufen.
1592	Wird Professor für Mathematik an der Universität Padua (Republik Venedig), lehrt Geometrie und Astronomie.
1595	Erklärt das Phänomen der Gezeiten durch die Erdbewegung.
1602	Führt erste Pendelexperimente durch.
1604	Experimentiert zu seiner Theorie der beschleunigten Bewegung, aus der die Fallgesetze hervorgehen. Beobachtet erstmals eine Supernova, einen neu entstandenen Stern.
1606	Erfindet das Thermoskop.
1609	Baut ein Teleskop und beginnt, damit den Nachthimmel abzusuchen, erste Beobachtungen des Mondes.
1610	Entdeckt die größten Monde des Jupiters. Beobachtet, dass Venus dieselben Phasen durchläuft wie der Mond. Beobachtet erstmals Saturn.
1616	Die Inquisition verbietet Galilei sein kopernikanisches Weltbild.
1624	Papst Urban VII. erlaubt ihm, über seine neuen Ideen zu schreiben.
1632	Galileis Dialogo über das ptolemäische und das kopernikanische Weltbild erscheint.
1633	Wird unter Hausarrest gestellt.
1642	Stirbt in seinem Landhaus in Arcetri.

DAS SONNENSYSTEM
Heute wissen wir, dass die Planeten in festen Bahnen um die Sonne kreisen. Zu Galileis Zeiten glaubten die Astronomen, die Erde habe eine feste Position im Zentrum einer riesigen durchsichtigen Sphäre, durch die sich andere Himmelskörper bewegten. 1543 erklärte Nikolaus Kopernikus (1473–1543) in einem Buch die Sonne zum Mittelpunkt des Universums. Galilei lieferte als Erster wissenschaftliche Beweise für diese Theorie. Seine Enthüllungen über den Planeten Jupiter, den Mond und die Sonne sorgten für große Aufregung unter den Wissenschaftlern.

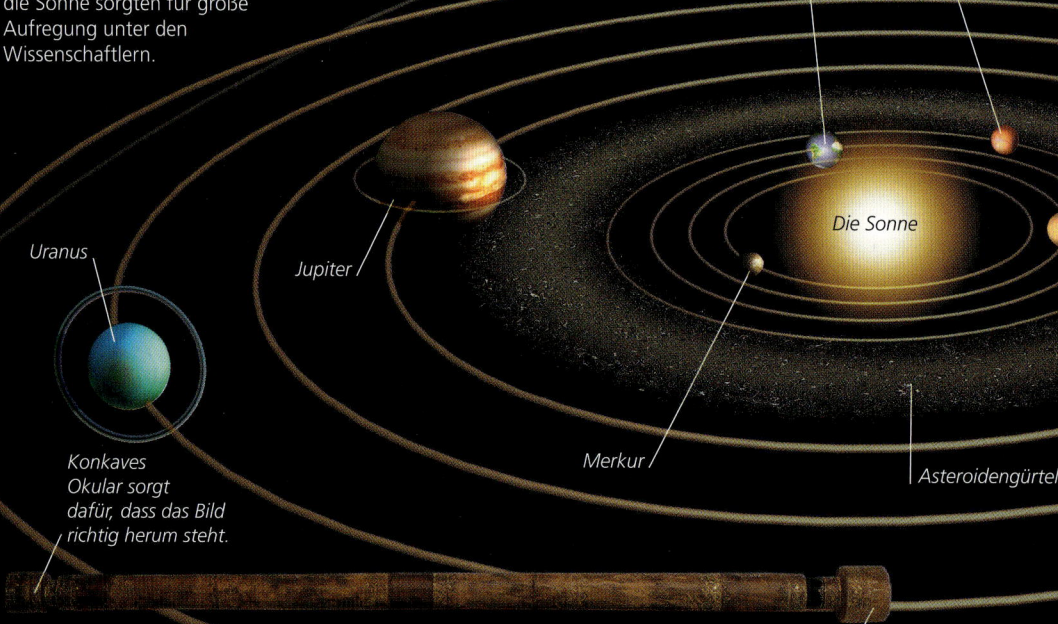

GALILEIS FERNROHR
Galilei erfuhr von einem Fernglas aus Flandern und baute daraufhin ein eigenes mit stärkerer Vergrößerung. Eine Sammellinse vorn am Rohr und eine Zerstreuungslinse nah am Auge sorgten für ein aufrechtes Bild. Galilei stellte seine Fernrohre einflussreichen Mäzenen vor und förderte so seine Forscherkarriere.

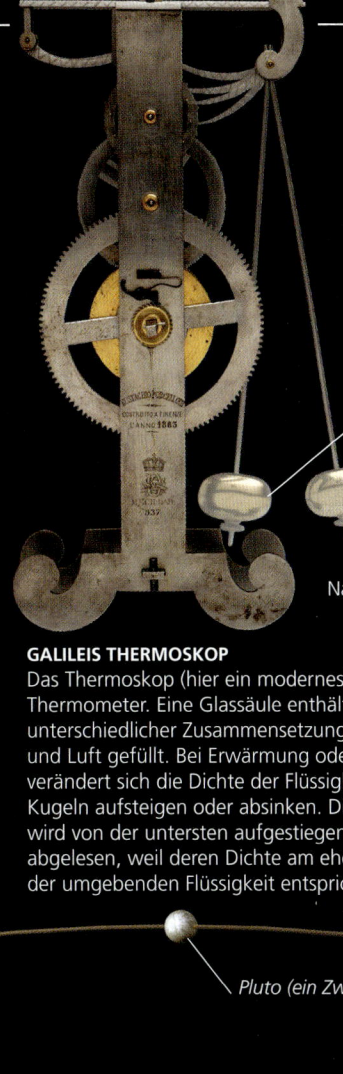

GALILEIS PENDELUHR
In jungen Jahren sah Galilei eine große Hängelampe in der Kathedrale von Pisa hin- und herschwingen. Mit seinem Puls als Zeitmesser stellte er fest, dass die Schwingbewegung immer gleich lange dauerte, egal wie groß der Ausschlag war. Auf Basis dieser Beobachtung entwickelte er später eine Pendeluhr.

Die Zeit, die ein Pendel braucht, um zum Ausgangspunkt zurückzukehren, heißt Periode.

Mit Flüssigkeit gefülltes Glasrohr

Galileis Uhr, Nachbau von 1883

DIE INQUISITION UND DER PROZESS GEGEN GALILEI
Dieses französische Gemälde aus dem 19. Jh. zeigt Galilei 1633 vor der Inquisition in Rom. 1616 verwarnte ihn die katholische Kirche, weil er offen für Kopernikus' Ideen eintrat. Als 1624 ein der Wissenschaft aufgeschlossener Mann zum Papst gewählt wurde, schrieb Galilei voll Zuversicht ein neues Buch. Da er damit gegen frühere Anordnungen der Kirche verstieß, wurde es verboten. Der Kirche zu widersprechen, war ein schweres Verbrechen, und Galilei, damals bereits ein kranker, von Erblindung bedrohter Mann, wurde unter Hausarrest gestellt.

GALILEIS THERMOSKOP
Das Thermoskop (hier ein modernes) ist ein frühes Thermometer. Eine Glassäule enthält Glaskugeln, in unterschiedlicher Zusammensetzung mit Flüssigkeit und Luft gefüllt. Bei Erwärmung oder Abkühlung verändert sich die Dichte der Flüssigkeit, woraufhin Kugeln aufsteigen oder absinken. Die Temperatur wird von der untersten aufgestiegenen Kugel abgelesen, weil deren Dichte am ehesten derjenigen der umgebenden Flüssigkeit entspricht.

Einige Kugeln steigen auf, wenn sich die Luft darin ausdehnt und die Dichte sich verändert.

Jede Kugel enthält eine unterschiedliche Menge von Luft und Flüssigkeit.

GALILEI-GRABMAL
Galilei hatte den Wunsch, in dem herrlichen Familiengrab in der Florentiner Kirche Santa Croce beigesetzt zu werden, doch seine Verwandten fürchteten, das könnte der Kirche missfallen. Als er 1727 schließlich dorthin umgebettet wurde, entfernte ein Bewunderer von der Leiche den Mittelfinger der rechten Hand. Der Finger wird heute im Naturhistorischen Museum in Florenz ausgestellt.

Pluto (ein Zwergplanet)

> „Ich entdeckte … viele Einzelheiten am Himmel, die bis dahin nicht geschaut wurden."
>
> Galileo Galilei
> in einem Brief an die Großherzogin Christine, 1615

Hochsensible Antenne zur Datenübermittlung

Saturn

Blick von der Sonde *Galileo*

Neptun

Einer von zwei Generatoren, die Energie erzeugen

Die Raumsonde Galileo

JUPITERMONDE
Galilei beobachtete, dass der Jupiter von eigenen Monden umkreist wird. 1610 verfasste er eine anschauliche Beschreibung seiner Entdeckungen in dem Buch *Der Sternenbotschafter*, das er der einflussreichen Medici-Familie widmete. Jahrhunderte später funkte eine nach ihm benannte Raumsonde acht Jahre lang großartige Bilder vom Jupiter zur Erde, bis sie schließlich 2003 auf dem Planeten aufschlug.

William Harvey

1604 heiratete William Harvey Elizabeth Browne, deren Vater der Arzt der englischen Königin Elisabeth I. war. Harvey graduierte an den Universitäten von Cambridge (England) und Padua (Italien) und erhielt damit die nötige Empfehlung, um sich als einer der führenden Londoner Ärzte niederzulassen. Er begann seine Karriere als Dozent, praktischer Mediziner und königlicher Leibarzt, doch es waren seine Forschungen, die ihm dauerhaften Ruhm einbrachten. Harvey forschte, indem er beobachtete und experimentierte, statt traditionelle Überzeugungen zu übernehmen. Er stellte die angestammten Vorstellungen über Herz und Blut infrage und versuchte, ihre wahre Funktion nachzuweisen. Die Ergebnisse veröffentlichte er in einem Buch, das zur Grundlage der modernen Anatomie wurde.

WILLIAM HARVEY (1578–1657)
William Harvey, der hier so eindringlich aus seinem Porträt schaut, galt als „reizbarer" Mann, der einen Dolch trug. Die empfindlichen Hände des erfahrenen Anatomen heben sich gegen die dunkle Kleidung ab.

DER ARZT DES GLADIATORS
Eine mittelalterliche Ausgabe der Werke Claudius Galens (129–200 n. Chr.) zeigt einen Arzt mit seinem Patienten. Der griechische Arzt betreute römische Kaiser und war Chirurg an der Gladiatorenschule. Er entdeckte, dass Blut und nicht Luft durch die Arterien des Körpers fließt, glaubte allerdings, es sei mit Pneuma (Geist) vermischt. Viele seiner Vorstellungen über Medizin waren bis ins 17. Jh. unangefochten.

1578	Am 1. April geboren in Folkestone in der Grafschaft Kent als ältester Sohn einer wohlhabenden Familie.
1597	Nach Ausbildung an der King's School in Canterbury Abschluss am Caius College in Cambridge.
1602	Abschluss an der italienischen Universität Padua und Rückkehr nach England. Heiratet zwei Jahre später Elizabeth Browne.
1607	Wird Mitglied des Königlichen Ärztekollegiums. Erhält 1615 den Posten des Lumleian Lecturer, eine Professur für Anatomie.
1609	Wird Arzt am Londoner Krankenhaus St. Bartholomew und bleibt dort bis 1643.
1616	Verkündet in seiner Vorlesung die Entdeckung des Kreislaufsystems, veröffentlicht sie aber nicht.
1618	Wird Leibarzt von König Jakob I.
1628	Veröffentlicht *Anatomische Studien über die Bewegung des Herzens und des Blutes* – seine Theorie über den Kreislauf.
1631	Leibarzt Karls I., dessen lebenslanger Freund er wird und den er auf diplomatischen Missionen begleitet.
1642	Englischer Bürgerkrieg beginnt. Bleibt bei Karl I., bis der König sieben Jahre später geköpft wird.
1651	Veröffentlicht seine Erkenntnisse zur Embryologie in Schriften zur Entwicklung der Tiere.
1657	Stirbt am 3. Juni in London. Begraben in Hempstead (England).

ANATOMIETHEATER
Der Stich zeigt den belgischen Anatomen Andreas Vesalius (1514–1564), der in einer überfüllten Kirche eine Leiche seziert. Für sein siebenbändiges Werk *Über den Bau des menschlichen Körpers*, erschienen 1543, fertigten Renaissancekünstler detaillierte Darstellungen des Körperinneren. Das Buch erregte wegen der herausragenden Qualität und der Genauigkeit der Bilder Aufsehen.

KÖRPERPUMPE
Das moderne Modell stellt das Herz dar. Im Lauf der Geschichte haben Ärzte und Philosophen immer wieder über die Funktion des lebenswichtigen Organs spekuliert. Der Grieche Galen glaubte, das Blut werde vom Herzen aus den Venen gesaugt. William Harveys Versuche und seine durch das Sezieren von Tieren gewonnenen Erkenntnisse bewiesen, dass das Herz als Pumpe dient, um das Blut durch den Körper zirkulieren zu lassen.

- Blut wird zur rechten Kopf- und Gehirnseite und zum rechten Arm gepumpt.
- Hauptschlagader transportiert sauerstoffreiches Blut in den restlichen Körper.
- Lungenvene leitet Blut aus der rechten Lunge.
- Rechte obere Herzkammer
- Muskelwand pumpt Blut durch Zusammenziehen und Entspannen.
- Rechte untere Herzkammer (aufgeschnitten)
- Herzscheidewand trennt rechte und linke Kammer.
- Blut zur linken Seite von Kopf und Gehirn
- Blut zum linken Arm
- Blut zum Unterleib und zu den Beinen
- Obere linke Herzkammer
- Lungenarterie leitet Blut zu den Lungen.
- Linke untere Herzkammer (aufgeschnitten)
- Koronararterie versorgt Herzmuskel mit Blut.

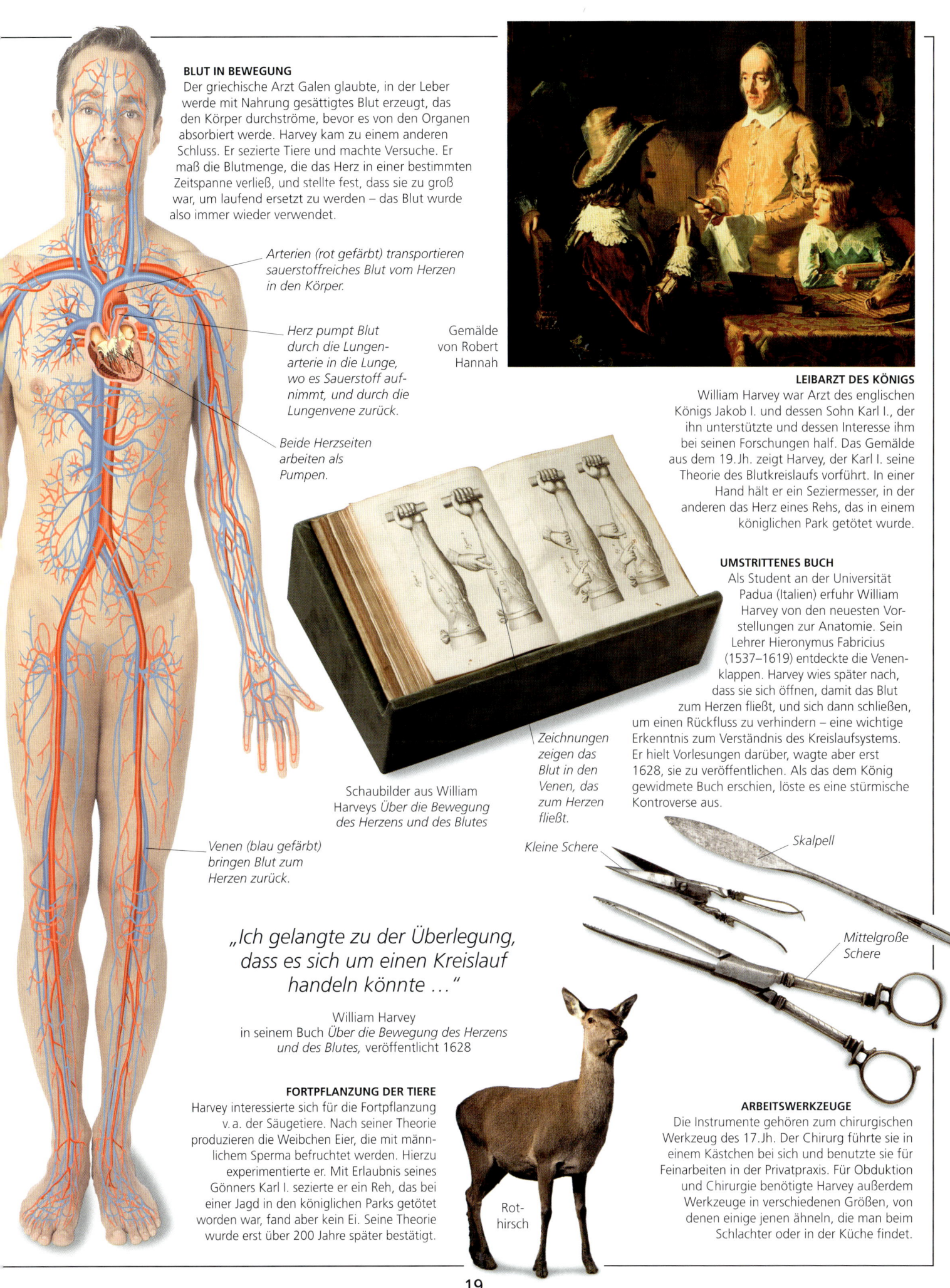

BLUT IN BEWEGUNG
Der griechische Arzt Galen glaubte, in der Leber werde mit Nahrung gesättigtes Blut erzeugt, das den Körper durchströme, bevor es von den Organen absorbiert werde. Harvey kam zu einem anderen Schluss. Er sezierte Tiere und machte Versuche. Er maß die Blutmenge, die das Herz in einer bestimmten Zeitspanne verließ, und stellte fest, dass sie zu groß war, um laufend ersetzt zu werden – das Blut wurde also immer wieder verwendet.

Arterien (rot gefärbt) transportieren sauerstoffreiches Blut vom Herzen in den Körper.

Herz pumpt Blut durch die Lungenarterie in die Lunge, wo es Sauerstoff aufnimmt, und durch die Lungenvene zurück.

Beide Herzseiten arbeiten als Pumpen.

Venen (blau gefärbt) bringen Blut zum Herzen zurück.

Schaubilder aus William Harveys *Über die Bewegung des Herzens und des Blutes*

Zeichnungen zeigen das Blut in den Venen, das zum Herzen fließt.

Gemälde von Robert Hannah

LEIBARZT DES KÖNIGS
William Harvey war Arzt des englischen Königs Jakob I. und dessen Sohn Karl I., der ihn unterstützte und dessen Interesse ihm bei seinen Forschungen half. Das Gemälde aus dem 19. Jh. zeigt Harvey, der Karl I. seine Theorie des Blutkreislaufs vorführt. In einer Hand hält er ein Seziermesser, in der anderen das Herz eines Rehs, das in einem königlichen Park getötet wurde.

UMSTRITTENES BUCH
Als Student an der Universität Padua (Italien) erfuhr William Harvey von den neuesten Vorstellungen zur Anatomie. Sein Lehrer Hieronymus Fabricius (1537–1619) entdeckte die Venenklappen. Harvey wies später nach, dass sie sich öffnen, damit das Blut zum Herzen fließt, und sich dann schließen, um einen Rückfluss zu verhindern – eine wichtige Erkenntnis zum Verständnis des Kreislaufsystems. Er hielt Vorlesungen darüber, wagte aber erst 1628, sie zu veröffentlichen. Als das dem König gewidmete Buch erschien, löste es eine stürmische Kontroverse aus.

Kleine Schere

Skalpell

Mittelgroße Schere

„Ich gelangte zu der Überlegung, dass es sich um einen Kreislauf handeln könnte …"

William Harvey in seinem Buch *Über die Bewegung des Herzens und des Blutes*, veröffentlicht 1628

FORTPFLANZUNG DER TIERE
Harvey interessierte sich für die Fortpflanzung v. a. der Säugetiere. Nach seiner Theorie produzieren die Weibchen Eier, die mit männlichem Sperma befruchtet werden. Hierzu experimentierte er. Mit Erlaubnis seines Gönners Karl I. sezierte er ein Reh, das bei einer Jagd in den königlichen Parks getötet worden war, fand aber kein Ei. Seine Theorie wurde erst über 200 Jahre später bestätigt.

Rothirsch

ARBEITSWERKZEUGE
Die Instrumente gehören zum chirurgischen Werkzeug des 17. Jh. Der Chirurg führte sie in einem Kästchen bei sich und benutzte sie für Feinarbeiten in der Privatpraxis. Für Obduktion und Chirurgie benötigte Harvey außerdem Werkzeuge in verschiedenen Größen, von denen einige jenen ähneln, die man beim Schlachter oder in der Küche findet.

Robert Hooke

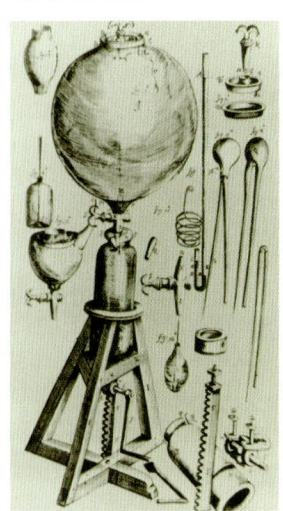

SIR ROBERT HOOKE (1635–1703)
Soweit man weiß, ist kein Porträt des berühmten Einzelgängers erhalten. Dieses Gemälde wurde früher für sein Bildnis gehalten. Richard Waller beschrieb Hooke 1705 als „einen aktiven, ruhelosen, unermüdlichen Genius, fast bis zuletzt …"

Als Kurator für Experimente der Royal Society stand Robert Hooke Ende des 17. Jahrhunderts in London im Mittelpunkt des Geisteslebens. Er gehörte zu einer Gruppe, die sich mit der Erforschung der Natur befasste, beschäftigte sich aber auch mit Architektur, Astronomie, Chemie, Geologie, Mathematik, Mechanik, Medizin, Meteorologie, Naturgeschichte und Optik. Bei den wöchentlichen Vorführungen für andere Mitglieder der Gesellschaft verwendete er wissenschaftliche Instrumente, die er selbst gebaut hatte. Nach dem Großen Brand von 1666 arbeitete er mit Sir Christopher Wren (1632–1723) am Wiederaufbau der City of London. Schließlich zerstritt sich Hooke mit Isaac Newton (S. 22–23) und zog sich immer mehr zurück. Nach seinem Tod fand man in einer Truhe in seinem Haus eine riesige Geldsumme.

DIE KÖNIGLICHE GESELLSCHAFT
Der Staatsmann und Philosoph Sir Francis Bacon (1561–1626) machte sich für die Beobachtung und das Experimentieren stark. Er rief eine Gruppe ins Leben, der auch Hooke angehörte. Sie traf sich ab den 1640er-Jahren regelmäßig, um neue Ideen zu diskutieren. Dabei waren auch Robert Boyle und Christopher Wren, der 1660 die Royal Society mitbegründete. Sie wurde die weltweit führende Institution zur Förderung wissenschaftlicher Forschung.

BOYLES ASSISTENT
1655 wurde Hooke Assistent des irischen Adligen Robert Boyle (1627–1691), Autor eines berühmten Buches über Chemie. Hooke half Boyle, ein Experiment zu entwickeln und durchzuführen, in dem mit einer Luftpumpe (links) ein Vakuum erzeugt wird. Sie setzten Mäuse und Kerzen in die Glaskugel und beobachteten, wie sich das Vakuum auf sie auswirkte. Ihre Forschung trug dazu bei, Boyles Gesetz (1662) zu beweisen, das das Verhalten von Gasen unter Druck beschreibt.

VERBUNDMIKROSKOP
Hooke machte seine Beobachtungen durch ein Verbundmikroskop. Ein konvexer Spiegel mit einer Linse diente dazu, Licht auf das Objekt zu lenken, das mit einer Nadel fixiert wurde. Der Mikroskopkörper bestand aus mehreren Röhren, die sich zur Scharfeinstellung an einem Ständer nach oben und unten verschieben ließen. Eine Linse am unteren Ende und das Okular sorgten für die Vergrößerung.

> „Das genialste Buch, das ich in meinem Leben gelesen habe."
>
> Samuel Pepys
> über *Micrographia* in seinem Tagebuch,
> 21. Januar 1665

EINE SEITE AUS *MICROGRAPHIA*
Die aufgefaltete Seite aus Hookes *Micrographia* zeigt das riesige und detaillierte Abbild einer Ameise. Hooke beschrieb die durch das Mikroskop beobachteten Dinge und zeichnete winzige Objekte wie einen Floh, den Stachel einer Biene, eine Schneeflocke und eine einzelne Zelle einer dünnen Korkscheibe. Das von der Royal Society veröffentlichte Buch machte ihn weltberühmt.

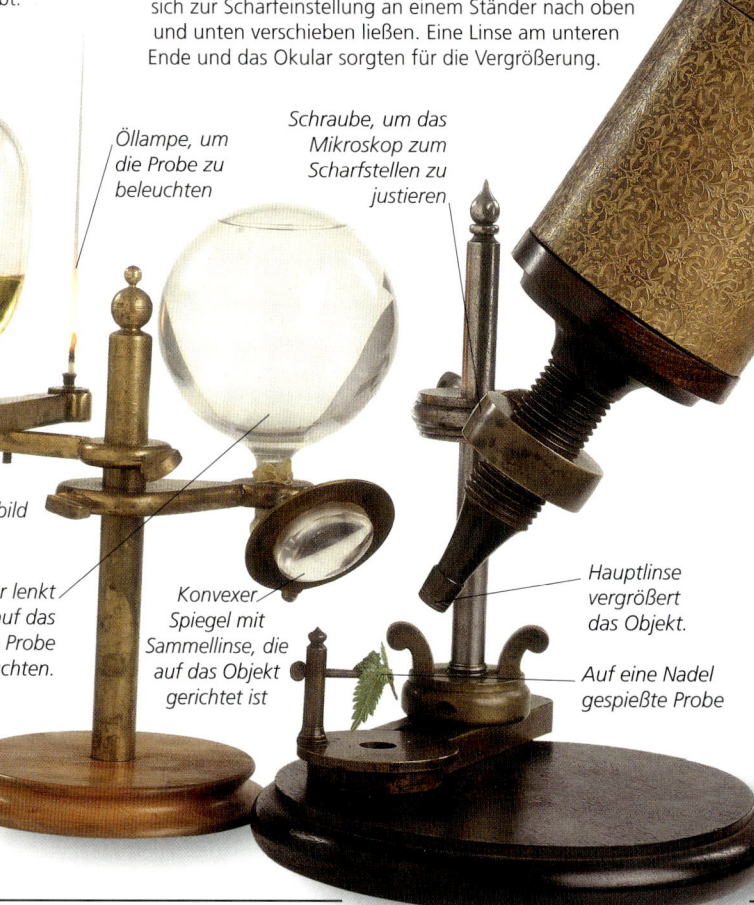

- Nach dem Mikroskopbild gezeichnete Ameise
- Öllampe, um die Probe zu beleuchten
- Schraube, um das Mikroskop zum Scharfstellen zu justieren
- Kondensator lenkt die Flamme auf das Objekt, um die Probe zu beleuchten.
- Konvexer Spiegel mit Sammellinse, die auf das Objekt gerichtet ist
- Hauptlinse vergrößert das Objekt.
- Auf eine Nadel gespießte Probe

HOOKES GESETZ
Wenn eine Spiralfeder auseinandergezogen wird, dehnt sie sich aus, springt aber zurück, wenn man sie loslässt – es sei denn, man zieht so fest, dass sie ihre Elastizität verliert. 1660 entdeckte Hooke, dass die Ausdehnung sich proportional zur aufgewendeten Kraft verhält. Anders ausgedrückt: Bei doppeltem Kraftaufwand dehnt die Feder sich doppelt so stark aus.

Feder dehnt sich aus, wenn Kraft aufgewendet wird.

Eine Luftblase zwischen zwei Markierungen zeigt an, ob eine Fläche waagerecht ist.

Moderne Wasserwaage

GENIALER ERFINDER
Robert Hookes mechanische Ideen finden sich in vielen bekannten Gegenständen. Federn werden zum Einstellen von Uhren benutzt, wie in der von Thomas Tompion (1639–1713) hergestellten Taschenuhr. Hooke baute ein Augenmodell mit einer verstellbaren Blende, um die Lichtmenge zu regulieren, die auf die Iris fällt – das Prinzip, nach dem die moderne Kamera funktioniert. Gelenkstücke, wie sie Hooke entwarf, werden in Fahrzeugen verwendet, um Gestänge zu verbinden und Drehbewegungen zu ermöglichen. Er entwickelte zudem eine frühe Version der Wasserwaage.

Variable Öffnung regelt den Lichteinfall.

Gelenk verbindet zwei rotierende Stangen

Linse im Okular vergrößert Bild.

Blendenringe einer Kamera, 1840er-Jahre

Uhr, gesteuert durch eine Unruhefeder

Tompion-Taschenuhr, 1675

Gestänge fürs Auto zur Geschwindigkeitsregelung, 1935

DER WIEDERAUFBAU LONDONS
Nachdem 1666 ein Brand London zerstört hatte, war Robert Hooke als Landvermesser mit Christopher Wren für den Wiederaufbau verantwortlich. Eine neue St.-Paul's-Kathedrale erstand aus der Asche, ein Beitrag des genialen Architekten Wren. Auch Hooke war ein fähiger Baumeister. Er war an der Planung wichtiger Gebäude beteiligt und für den Aufbau einer neuen Infrastruktur mit Abwasserkanälen, Pflasterung, Märkten und Hafenanlagen zuständig. Hooke entwarf die Säule, die in der Nähe der Stelle steht, wo das Feuer ausbrach. Auf ihr ist zu lesen, dass 13 200 Häuser und 89 Kirchen verlorengingen.

Die neue Kathedrale St. Paul's

DER GROSSE BRAND VON LONDON
Am 2. September 1666 brach ein Feuer in einer Bäckerei in der Pudding Lane nahe der London Bridge aus. Es wütete vier Tage lang und zerstörte weite Teile der Innenstadt. Das Gemälde zeigt Boote voller Menschen auf der Themse, während die Flammen auf das Südufer überzugreifen drohen. Die alte St.-Paul's-Kathedrale brennt lichterloh am Horizont.

1635	Geboren am 18. Juli, Isle of Wight (England). Sohn eines Geistlichen.
1648	Lehrling des Londoner Porträtmalers Sir Peter Lely. Als Schüler an der Westminster School angenommen.
1653	Eintritt ins Christchurch College in Oxford, wo er dem Chemiker Robert Boyle begegnet.
1655	Assistent von Robert Boyle. Bleibt dort sieben Jahre.
1662	Beginnt als bezahlter Wissenschaftler eine fünfjährige Amtszeit als Kurator für Versuche der Royal Society. Wird 1663 Mitglied.
1665	Berufung zum Professor für Geometrie am Gresham College. Veröffentlicht Micrographia.
1666	Wird Landvermesser der City of London und hilft beim Wiederaufbau nach dem Großen Brand.
1668	Verkündet nach fast 20-jähriger Arbeit in seinem Vortrag Über Federn das Gesetz der Elastizität.
1684	Große Unstimmigkeiten zwischen Hooke und Newton über Newtons Buch Mathematische Prinzipien der Naturlehre.
1703	Stirbt am 3. März in London nach einer Zeit in schlechter seelischer und körperlicher Verfassung.

Isaac Neᴡton

„Ich demonstriere nunmehr, wie das Weltsystem beschaffen ist", schrieb Isaac Newton in seinem Buch *Mathematische Prinzipien der Naturlehre*. Der englische Mathematiker und Experimentator gehört zu den bedeutendsten Persönlichkeiten der Wissenschaftsgeschichte. Er stellte eine Reihe einfacher, fundamentaler Gesetze auf und erklärte mithilfe der Mathematik die Kräfte, denen alle Erscheinungen im Universum unterliegen. Newton erforschte ferner die Eigenschaften des Lichts und widmete sich den Geheimnissen der Alchemie. Obwohl er am liebsten allein arbeitete, übernahm er politische Ämter, wurde königlicher Münzmeister und war 24 Jahre lang Präsident der Royal Society in London.

SIR ISAAC NEWTON (1642–1727)
Newton war ein einsamer, melancholischer und schwieriger Mensch. Er lieferte sich erbitterte Auseinandersetzungen mit Philosophen, die er als Rivalen ansah, und nahm bei seinen Forschungen große Risiken in Kauf. So starrte er direkt in die Sonne und untersuchte seine Augenhöhle mit einer Nadel.

ÄPFEL FALLEN
Der Legende nach saß Newton im Garten seines Hauses Woolsthorpe Manor und beobachtete, wie ein Apfel vom Baum fiel. Er geriet ins Grübeln, überlegte, welche Kraft ihn wohl nach unten bringe, und entwickelte daraufhin die Theorie der Anziehungskraft (Gravitation): Die Kraft, durch die zwei Objekte (Apfel und Boden) voneinander angezogen werden, ist von ihrer jeweiligen Masse abhängig. Je größer die Masse, desto stärker ist diese Kraft.

PESTJAHRE
1665 flüchteten die Menschen vor der Pest aus den Städten. Ihr fielen in England Tausende zum Opfer. Die Universität Cambridge, an der Newton studierte, musste ein Jahr lang geschlossen werden. Er zog sich nach Woolsthorpe Manor, Lincolnshire, zurück, wo er aufgewachsen war, und entwickelte dort seine Ideen, mit denen er die Physik – wie vor ihm nur Galilei (S. 16–17) – revolutionierte.

Sonne im Zentrum des Sonnensystems

Merkur

Venus

Modell des Sonnensystems mit Erde und nächstgelegenen Planeten

Zeiger gibt den Monat für diese Planetenstellung an.

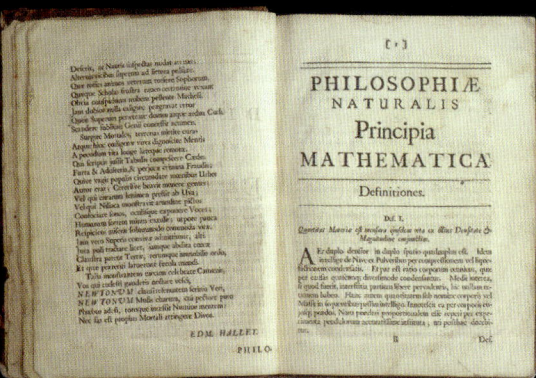

Kurbel, um das Modell in Bewegung zu setzen

MATHEMATISCHE PRINZIPIEN DER NATURLEHRE
Der Astronom Edmond Halley (1656–1742) überredete Newton, seine Ideen niederzuschreiben, und bot ihm an, die Veröffentlichung zu bezahlen. 1687 erschienen die *Philosophiae naturalis principia mathematica*, in denen Newton drei Grundgesetze der Mechanik und das Gravitationsgesetz formulierte. Mit ihnen lassen sich alle Bewegungen von Objekten erklären. Newtons Ideen haben, ergänzt durch die Arbeiten Max Plancks und Albert Einsteins (S. 46–47), bis heute Bestand.

Scheibe zeigt die Monate und den Tierkreis.

Sonnenstrahl fällt durch kleines Loch.

Erstes Prisma teilt das Licht in seine Spektralfarben auf.

Spektrum fächert sich auf.

Schmaler Schlitz in einem Schirm lässt nur Licht einer einzigen Farbe durch.

Rotes Licht passiert den Schlitz.

Rotes Licht trifft auf zweites Prisma, Prisma lenkt das Licht in einem bestimmten Winkel ab.

Das rote Licht passiert das Prisma unverändert.

Einiges rotes Licht wird nicht abgelenkt, weil es „gestreut" ist, d. h. nicht durchs Prisma fiel.

AUFSPALTUNG DES LICHTS
In seinem Haus ließ Newton einen Lichtstrahl durch einen Schlitz im Fensterladen scheinen und beobachtete, dass sich das Licht in die Regenbogenfarben zerlegte. Er machte ein Experiment mit zwei Prismen und zeigte, dass die Farben nicht weiter aufgespalten werden können. So bewies er, wie in seinem Buch *Opticks* dargestellt, dass Farbe eine Eigenschaft des Lichts, nicht des Prismas ist.

Okularlinse

Licht fällt hier ins Teleskop ein.

Konkavspiegel im Innern wirft das Licht zum Okular.

SPIEGELTELESKOP
Beim zuerst erfundenen Linsenteleskop ist das Bild wegen der Beugung und Zerlegung des Lichts am Rand farblich verschwommen. 1668 erfand Newton ein neuartiges Teleskop, bei dem Spiegel für ein besseres Bild sorgen. Ein Spiegel sammelt das Licht, das durch die obere Linse fällt, und wirft es über einen kleineren Spiegel und durch eine weitere Linse aufs Auge des Betrachters. Solche auch Reflektoren genannten Teleskope sind heute noch im Einsatz, z. B. in großen Observatorien oder – als *Hubble* – im All. Newton wurde aufgrund dieser Arbeit in die Royal Society aufgenommen und 1703 deren Präsident.

Newtons Spiegelteleskop

1642	Newton wird am 25. Dezember in Woolsthorpe Manor (Lincolnshire, England) geboren (Frühgeburt).
1661	Tritt in das Trinity College der Universität Cambridge ein.
1665	Wieder in Woolsthorpe Manor, beschäftigt er sich mit Mathematik, Optik, Physik und Astronomie.
1668	Wird in den Lehrkörper des Trinity College, Cambridge, gewählt.
1670	Lehrt Optik in Cambridge.
1671	Stellt der Royal Society das Spiegelteleskop vor.
1672	Wird in die Royal Society aufgenommen.
1687	Erster Band der *Mathematischen Prinzipien der Naturlehre* erscheint.
1696	Königlicher Münzmeister in London.
1703	Präsident der Royal Society.
1704	*Opticks* erscheint.
1705	Von Königin Anne geadelt.
1727	Stirbt am 20. März in Kensington, London. Nach der Aufbahrung in Westminster Abbey bestattet.

> „Wenn ich weiter als andere gesehen habe, dann nur deshalb, weil ich auf der Schulter von Giganten stand."
>
> Isaac Newton
> in einem Brief an Hooke über Galilei und Kepler, 1676

Erde umkreist die Sonne und dreht sich um sich selbst.

Mond umkreist die Erde.

PLANETENBEWEGUNG
Wenn man bei diesem mechanischen Modell des Sonnensystems die Kurbel bedient, bewegen sich Erde, Merkur und Venus um die Sonne. Der deutsche Astronom Johannes Kepler (1571–1630) erklärte die Planetenbewegung aus dem Magnetismus der Sonne. Newton hingegen erkannte, dass jedes Objekt im Universum andere Objekte anzieht und von ihnen angezogen wird. Zwischen der Sonne und den Planeten wirkt dieselbe Kraft, die einen Apfel zu Boden fallen lässt: die Gravitation. Sie hält die Planeten auf ihrer Bahn um die Sonne und den Mond auf seiner Bahn um die Erde.

DER ALCHEMIST
Newton versuchte 30 Jahre lang als Alchemist, das Wesen der Materie zu erkunden. In seinem Laboratorium in Cambridge führte er Experimente und Berechnungen durch und hielt sie sorgfältig in Notizbüchern fest. Wie viele Alchemisten war er auf der Suche nach dem Stein der Weisen, jener magischen Substanz, die seinem Schöpfer Weisheit gibt und einfache Metalle in Gold verwandelt. Er aber meinte, die Beschäftigung mit Alchemie bringe ihn Gott näher.

Antoine-Laurent Lavoisier

ANTOINE-LAURENT LAVOISIER (1743–1794)
Lavoisier erhielt eine ausgezeichnete Erziehung und sah in der Vernunft das geeignete Instrument zum Verständnis der Welt. Er war Anwalt, entwickelte aber eine Leidenschaft für Geologie und Chemie.

Ende des 18. Jahrhunderts lagen in Frankreich neue Ideen im Bereich der Wissenschaft und Politik geradezu in der Luft, und Antoine-Laurent Lavoisier war die Vorhut des Fortschritts. Er verfügte über ein gut ausgestattetes Labor und konnte dort Experimente durchführen, mit denen er die heute als Chemie bezeichnete Wissenschaft entscheidend voranbrachte. Er identifizierte 33 Elemente, schuf eine einheitliche Theorie der Verbrennung und Atmung, definierte grundlegende wissenschaftliche Begriffe neu und veröffentlichte das erste Chemie-Lehrbuch. Obwohl er für gesellschaftliche Reformen eintrat, wurde er wie viele Adlige während der Terrorherrschaft der Französischen Revolution hingerichtet.

1743	Am 26. August in Paris (Frankreich) geboren, wohlhabender Herkunft. War ein wissbegieriges Kind.
1767	Arbeitet die erste geologische Karte Frankreichs aus.
1768	Wird in die französische Akademie der Wissenschaften aufgenommen. Erwirbt Anteile als Pächter und erhält das Recht, Steuern zu erheben.
1771	Heiratet die 13-jährige Marie Anne Pierrette Paulze, die Tochter seines Mitpächters.
1774	Der Engländer Joseph Priestley entdeckt den Sauerstoff, hält aber an der Phlogiston-Theorie fest.
1775	Lavoisier wird zum Leiter des Königlichen Arsenals ernannt.
1778	Lavoisier identifiziert ein Element, das er Sauerstoff nennt.
1787	Veröffentlicht das Buch Methode der chemischen Nomenklatur, in dem er chemische Verbindungen systematisch benennt.
1788	Zeigt, dass Luft eine Mischung von Gasen ist, die er Sauerstoff und Stickstoff nennt.
1789	Lavoisiers Elementare Abhandlung der Chemie erscheint, das erste moderne Chemie-Lehrbuch. Eine Volksmenge stürmt die Bastille – damit beginnt die Französische Revolution.
1794	Lavoisier stirbt am 8. Mai durch das Fallbeil, nachdem das Revolutionstribunal ihn für schuldig befunden hat. Sein Schwiegervater wird am selben Tag geköpft.

EIN ERFOLGREICHES TEAM
Auf diesem Keramikrelief sind Lavoisier und seine Frau Marie Anne bei der gemeinsamen Arbeit im Labor porträtiert. Sie sitzt am Tisch und macht Aufzeichnungen, während er ein Experiment durchführt. An seinem Werk hatte sie wesentlichen Anteil: Sie lernte Englisch, um die Arbeiten anderer Wissenschaftler übersetzen zu können, gab Gesellschaften, auf denen die neuesten Ideen in der Chemie diskutiert wurden, steuerte zu den Büchern ihres Mannes wertvolle Zeichnungen der Gerätschaften und Experimente bei und schrieb seine Memoiren.

REVOLUTION DER CHEMIE
Die Waage spielte in Lavoisiers Labor eine große Rolle: Stoffe wurden vor und nach einer chemischen Reaktion wie der Verbrennung gewogen. Lavoisier wies nach, dass eine Substanz sich verändern kann, während ihr Gewicht gleich bleibt. Dies führte zum Gesetz der Erhaltung der Masse, wonach die Materie ihre Form ändern, nicht jedoch geschaffen oder vernichtet werden kann. Lavoisier klassifizierte Phosphor, Schwefel, Kohlenstoff, Quecksilber und andere Substanzen als Elemente, weil sie nicht in einfachere Bestandteile zerlegbar sind (Mendelejew, S. 40).

Am Zeiger lässt sich ablesen, ob die Waage im Gleichgewicht ist.

Balken

Waagschale zum Wiegen einer Substanz

Waagschale für Gewichte

Balkenwaage

Roter Phosphor · Schwefel · Graphit (Kohlenstoff) · Quecksilber

Sauerstoff und Wachs verbinden sich und erzeugen eine Flamme.

Docht befördert Brennstoff nach oben.

VERBRENNUNG
Wenn die Kerze brennt, findet eine chemische Reaktion statt. Der vom Wachs erzeugte Dampf als Brennstoff verbindet sich mit dem Sauerstoff aus der Luft und erzeugt so Hitze und Licht. Zugleich entstehen neue chemische Verbindungen. Früher glaubte man, ein Teil des verbrannten Materials werde als farb- und gewichtsloses Phlogiston freigesetzt. Später fand man heraus, dass es eine solche Substanz nicht gibt.

LACHGAS
Die Vorführungen in pneumatischer Chemie, wie die Untersuchung von Gasen damals genannt wurde, an der Royal Institution in London boten Karikaturisten die Chance, sich über führende Persönlichkeiten aus Wissenschaft und Politik lustig zu machen. Diese deutsche Version einer Karikatur von James Gillray zeigt einen Chemiker, der Napoleon, dem Kaiser der Franzosen, Lachgas (das Joseph Priestley entdeckt hatte) einflößt – mit explosiven Folgen.

LAVOISIERS RIVALE
Der Engländer Joseph Priestley (1733–1804), Prediger einer Dissidentengemeinde, experimentierte zur selben Zeit wie Lavoisier mit Gasen. Priestley stellte in einer Brauerei fest, dass bei der Gärung Kohlensäure entstand. Er führte das Sodawasser ein, entdeckte zehn Gase und wies experimentell nach, dass Tiere beim Atmen Luft verbrauchen. Er isolierte 1774 den Sauerstoff, hielt ihn aber für die Substanz Phlogiston.

Aus dem Quecksilber unten in der Retorte wird durch Erhitzen Quecksilberoxid.

Retorte ist mit einer Glasglocke verbunden.

Luft in der Glasglocke nimmt ab, während in der Retorte Quecksilberoxid entsteht.

WIE SAUERSTOFF REAGIERT
In einem 12-tägigen Versuch wies Lavoisier nach, dass Luft zwei Bestandteile hat und einer davon sich mit Metallen verbindet. In einer Retorte erhitzte er Quecksilber, woraufhin sich dort eine rote Substanz absetzte, während das Luftvolumen in der damit verbundenen Glasglocke abnahm – und zwar um dieselbe Menge wie sich Substanz beim neuerlichen Erhitzen absetzte. Das freiwerdende, sich verbindende Gas nannte er Sauerstoff.

Wärmequelle für das Experiment

Wanne enthält weiteres flüssiges Quecksilber, das aufsteigt, wenn die Luft in der Glasglocke infolge der Reaktion in der Retorte abnimmt.

Versuchsaufbau von Lavoisiers Experiment mit Quecksilber und Sauerstoff

Verkleinertes Modell einer französischen Guillotine

HINGERICHTET
Lavoisier war ein Anhänger sozialer und politischer Reformen und unterstützte die Revolutionsregierung bei der Einführung des metrischen Systems. Dass er als Steuereintreiber tätig war, wurde ihm zum Verhängnis. Das Revolutionstribunal klagte ihn wegen Verschwörung an und ließ ihn köpfen.

„Es dauerte nur einen Moment, ihn zu köpfen, doch in hundert Jahren wird kein solcher Kopf nachwachsen."

Joseph-Louis Lagrange, ein bekannter Mathematiker, zu Lavoisiers Hinrichtung

Benjamin Franklin

1706	Geboren am 17. Januar in Boston/Massachusetts (USA), Vater ist Seifen- und Kerzenmacher.
1723	Läuft von zu Hause weg und beginnt in Philadelphia eine Druckerlehre. Als Drucker, Verleger und Autor bringt er es zu Wohlstand.
1737	Franklin wird zum Postmeister von Philadelphia ernannt.
1743	Gründet die American Philosophical Society, in der gelehrte Männer ihre Entdeckungen diskutieren können. Erfindet den Wärme gut leitenden Franklin-Ofen.
1746	Führt mit der Leidener Flasche umfangreiche Versuche zur Elektrizität durch, Briefwechsel mit Peter Collinson in London.
1750	Erfindet Blitzableiter; weist zwei Jahre später mit Drachenexperiment nach, dass er funktioniert.
1751	Zum Abgeordneten von Pennsylvania gewählt. Versuche zur Elektrizität werden veröffentlicht.
1753	Royal Society verleiht ihm für Arbeiten zur Elektrizität Medaille, nimmt ihn drei Jahre später auf.
1776	Mitgestalter und -unterzeichner der Amerikanischen Unabhängigkeitserklärung.
1784	Erfindet nach den Schwimmflossen u.a. die Bifokal-Brille.
1790	Stirbt am 17. April. Begraben in Philadelphia (Pennsylvania).

Bevor Benjamin Franklin im 18. Jahrhundert in seiner Heimatstadt Philadelphia (USA) eine Versuchsreihe durchführte, wusste man wenig über die geheimnisvolle Kraft der Elektrizität. In einem seiner berühmtesten Versuche wies er nach, dass der Blitz eine natürliche Form elektrischer Ladung ist. Der herausragende Philosoph, Erfinder und Staatsmann begann seine Laufbahn als Druckerlehrling und wurde schließlich zu einem Gründervater der neuen amerikanischen Demokratie. Er trieb revolutionäre Ideen in Wissenschaft und Politik voran und reiste häufig nach Europa. Seine bekannteste Erfindung ist der Blitzableiter und er führte Begriffe wie „negativ", „positiv" und „Ladung" ein.

BENJAMIN FRANKLIN (1706–1790)
Das Porträt Franklins entstand 1782 während seiner Zeit als erster Botschafter Amerikas in Frankreich. Er lebte auch viele Jahre in England und war in beiden Ländern ein geschätzter Gast auf Gesellschaften.

POOR RICHARD'S ALMANACK
Ein Almanach ist eine Sammlung von nützlichen Leitsätzen oder Sprichwörtern. In Franklins Almanach sind die Seiten mit Sinnsprüchen wie „Eile mit Weile" gepflastert. Sie zeugen vom Humor und den weitgefächerten Interessen des jungen Druckers, der Poor Richard 1732 ins Leben rief. In der 20. Ausgabe von 1753 gibt er Ratschläge zum Schutz von Häusern vor Blitzen. Für Elektrizität interessierte sich Franklin besonders leidenschaftlich.

Ball aus Metall entlädt Elektrizität.

Metalldeckel

Elektrische Ladung fließt die Metallkette hinauf.

Ladung wird im Metallmantel der Glasflasche gespeichert.

DIE LEIDENER FLASCHE
Seit 1745 ermöglichte es ein Gerät aus den Niederlanden, elektrische Ladung zu speichern. Beim Berühren des Balls und der Flaschenwände mit einem leitenden Material, z. B. einem Metallstab, entsteht ein Funken, und die Elektrizität aus dem Innern der isolierten Flasche entlädt sich. In Gesellschaft von Freunden experimentierte Franklin mit der „Zauberflasche". In fünf Briefen an seinen Freund Peter Collinson berichtet er anschaulich von den Forschungen.

DRACHENEXPERIMENT ZUR ELEKTRIZITÄT
Um zu zeigen, wie der Blitzableiter funktioniert, ließ Franklin bei Gewitter mit einem trockenen Tuch um die Hand (zur Isolierung) einen Drachen aus Seide mit einem spitzen Metallstab an der Spitze steigen. Der Stab zog einen Blitz an. Über die nasse Schnur (guter Leiter) wurde er in einen Schlüssel, befestigt an einer Leidener Flasche, gelenkt. Als Franklin den Finger nah an den Schlüssel hielt, funkte es.

ELEKTRISCHE GESELLSCHAFTSSPIELE
Die Aufregung über die Elektrizität ging weit über das Forschungslabor hinaus. Hier ist eine Vorführung auf einer Party zu sehen: Mit Metallstäben versetzte man sich gegenseitig elektrische Schläge. Auch die elektrostatischen Generatoren hatten es den Leuten angetan. Sie ließen damit ihre Körper unter Strom setzen, sodass ihre Finger Funken sprühten.

Glasstab hält die Scheiben.

Zinkscheibe
Kupferscheibe
Pappscheibe

Voltaische Säule

Elektrizität entlädt sich in der Wolke als Blitz.

Metallstab zieht die elektrische Ladung aus der Wolke an.

Ladung wird über einen Metalldraht sicher in den Boden gelenkt.

TIERISCHE ELEKTRIZITÄT
Der italienische Anatom Luigi Galvani (1737–1798) staunte, als der Muskel eines toten Frosches zuckte, den er mit dem Messer durchschneiden wollte. In Versuchen fand er heraus, dass der Kontakt mit zwei Metallplatten Muskeln stimulieren kann, und schloss daraus, dass es tierische Elektrizität gebe. Das stimmt zwar nicht, doch heute wissen wir, dass Nerven mit elektrochemischen Impulsen Signale durch den Körper schicken.

Muskeln des Froschs reagieren auf Signale aus seinem Gehirn.

ELEKTRISCHER STROM
Der italienische Forscher Alessandro Volta (1745–1827) baute eine elektrische Zelle, in der zwei Metalle für Strom sorgten. Zwischen Zink- und Kupferscheiben legte er Pappscheiben, die er in einer Salz- oder Säurelösung getränkt hatte. Die Lösung reagiert mit den Metallen und lässt elektrische Ladung fließen. Das Aufstapeln der Scheiben verstärkte den Strom, der über einen Draht abgeführt werden konnte: die erste Batterie.

> „Gut gemacht ist besser als gut gesagt."
>
> Benjamin Franklin
> in seinem *Poor Richard's Almanack,* 1737

Vertrag von Paris, unterzeichnet am 3. September 1783

Benjamin Franklins Unterschrift

ELEKTRISCHES FEUER
Wenn sie nicht sicher geerdet sind, schlägt der Blitz in die höchsten Gebäude ein und kann schwere Schäden oder Verletzungen verursachen. Franklin war überzeugt, dass Blitze Elektrizität sind, und entwarf einen spitzen Blitzableiter mit einem Metalldraht, der durch ein ganzes Gebäude nach unten geführt wird und die Ladung sicher in den Boden ableitet. Hier ist der Blitzableiter des Empire State Building in New York abgebildet, in dem etwa 100-mal im Jahr der Blitz einschlägt.

ERFAHRENER STAATSMANN
Benjamin Franklin handelte den Vertrag von Paris 1783 mit aus, der Amerikas Unabhängigkeit von Großbritannien bestätigte. Sein Geist, seine Persönlichkeit und sein Ruf als Wissenschaftler machten ihn zum perfekten Diplomaten. London wurde ihm zur zweiten Heimat, doch er fühlte sich der amerikanischen Revolution verpflichtet und kehrte vor Kriegsausbruch 1775 nach Hause zurück. Er war ein Gründervater der USA.

Joseph Banks

Der englische Naturforscher und Entdecker nahm an der ersten Forschungsweltreise teil, geleitet von Captain James Cook (1728–1779). Während der dreijährigen Fahrt dokumentierte er Hunderte von vorher unbekannten Tieren und Pflanzen. Seine Laufbahn zeugt von einer lebenslangen Begeisterung für Botanik (das Studium der Pflanzen). Er richtete für seine Sammlungen in London ein Herbarium ein und in seinem Haus am Soho Square traf sich die Welt der Wissenschaft – schließlich hatte er als Präsident der Royal Society in London eine einflussreiche Stellung. Viele Pflanzen, die er sammelte, beschäftigen heute noch die Forschung.

Bougainvillea aus Brasilien

SIR JOSEPH BANKS (1743–1820)
Dieses herrliche Porträt von Sir Joshua Reynolds zeigt Joseph Banks als wohlhabenden jungen Mann. Im Alter von 28 Jahren hatte er sich bereits einen beachtlichen Ruf als Botaniker erworben. Der Globus rechts erinnert an seine Reise mit Captain Cook.

1743	Banks wird am 13. Februar in London als Spross einer reichen Grundbesitzerfamilie geboren.
1760	Nimmt das Studium in Oxford auf und entwickelt eine Leidenschaft für Botanik, reiche Erbschaft.
1766	Wird in die Royal Society aufgenommen. Reist zum Sammeln von Pflanzen, Tieren und Mineralien nach Neufundland und Labrador.
1768	Nimmt an der Spitze einer Delegation der Royal Society an James Cooks Reise teil. Beschreibt viele neue Arten und kehrt mit Tausenden von Proben zurück.
1770	Landet am 20. April in der Botany Bay an der Ostküste Australiens. Schlägt später vor, dort Sträflinge anzusiedeln.
1772	Führt die erste britische Expedition nach Island an.
1778	Wird Präsident der Royal Society und bleibt es 42 Jahre.
1781	Wird für seine wissenschaftlichen und sozialen Verdienste geadelt.
1788	Wird Gründungsmitglied der Linnean Society in London, benannt nach dem schwedischen Naturforscher.
1797	Wird nichtamtlicher Direktor des Botanischen Gartens in Kew, macht daraus mit König Georg III. ein Zentrum für botanische Forschung.
1820	Stirbt am 19. Juni in Isleworth, Middlesex. Vermacht Bücher und Proben dem British Museum.

CARL VON LINNÉ
Der schwedische Naturforscher Carl von Linné (1707–1778) ist hier aus Anlass seiner Expedition nach Lappland, deren Flora und Fauna er erforschte, in Tracht abgebildet. Als eifriger Botaniker schuf er ein System, um Lebewesen nach ihren Geschlechtsmerkmalen zu benennen und einzuteilen. Pflanzen erhalten noch heute nach seiner Methode ihren Namen. Linnés Schüler Daniel Solander begleitete Joseph Banks auf der Reise mit Captain Cook.

„So gut ausgestattet für die Zwecke der Naturgeschichte und so elegant gekleidet ging noch nie jemand an Bord."

John Ellis
schreibt an Carl von Linné über Cooks erste Reise, 1768

COOKS ERSTE REISE
Am 12. August 1768 lief eine Expedition der Royal Society von Plymouth unter dem Kommando von James Cook zu einer Forschungsreise nach Tahiti aus. Banks war als Botaniker an Bord. Die Route führte von Madeira vor der Küste Westafrikas über den Atlantik nach Südamerika und um Kap Hoorn nach Tahiti in der Südsee, dann nach Neuseeland, Australien, Südafrika und zurück nach England. Banks' Tagebuch enthält detaillierte Beschreibungen von unterwegs – über Land und Leute, Pflanzen und Tiere.

Känguru

Gepresste Banksia serrata, auf der Reise gesammelt

BENENNUNG VON PFLANZEN
Die bei der Expedition gesammelten Pflanzen trocknete Banks zwischen Papierblättern. Nach seiner Rückkehr wurden sie in einem sogenannten Herbarium aufbewahrt. Diese von Sydney Parkinson gemalte *Banksia serrata* aus Australien erscheint in Banks' Buch *Florilegium* und gehört zu den vielen nach ihm benannten Pflanzen, die entsprechend dem Linnéschen System der Gattung *Banksia* zugeordnet sind. Die *Banksia serrata* gehört zur Art *serrata* – das lateinische Wort für „gezähnt" bezieht sich auf die Blätterkanten.

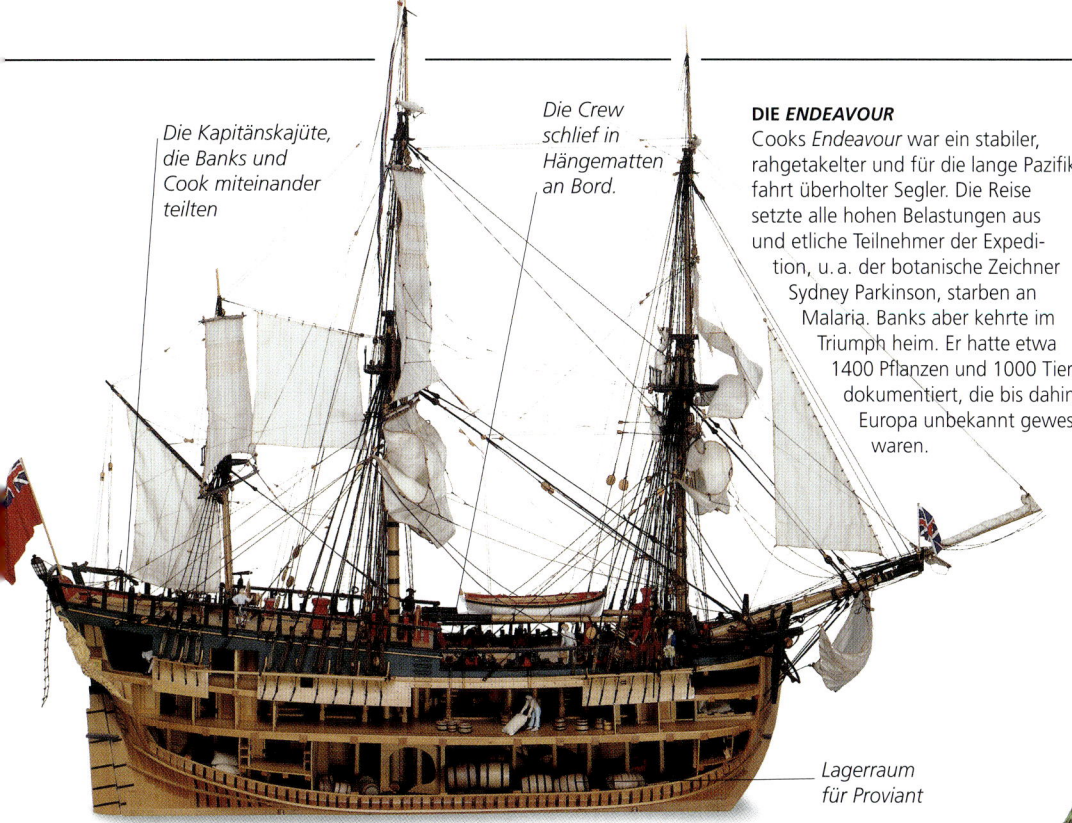

Die Kapitänskajüte, die Banks und Cook miteinander teilten

Die Crew schlief in Hängematten an Bord.

Lagerraum für Proviant

Querschnitt der *Endeavour*

DIE *ENDEAVOUR*
Cooks *Endeavour* war ein stabiler, rahgetakelter und für die lange Pazifikfahrt überholter Segler. Die Reise setzte alle hohen Belastungen aus und etliche Teilnehmer der Expedition, u. a. der botanische Zeichner Sydney Parkinson, starben an Malaria. Banks aber kehrte im Triumph heim. Er hatte etwa 1400 Pflanzen und 1000 Tiere dokumentiert, die bis dahin in Europa unbekannt gewesen waren.

DIE POLYNESIER
Die Bevölkerung bereitete der *Endeavour* einen gemischten Empfang. Dieses Gemälde stammt von Tupaia, einem Priester der Polynesier, den Banks mit an Bord nahm. Es zeigt einen Maori-Händler in prächtigem Federkleid, der Banks im Austausch für eine Languste ein Stück Stoff aus Rinde anbietet. Andere Begegnungen verliefen weniger angenehm. Mehrere Maori starben bei Auseinandersetzungen in Neuseeland.

Brotfrucht

BROTFRUCHT-MEUTEREI
Banks lag daran, Nutzpflanzen überall auf die Welt zu verpflanzen. Die unter Lieutenant William Bligh fahrende *Bounty* sollte Brotfruchtbäume von Tahiti nach Jamaika bringen. 1789 brach an Bord eine Meuterei aus. Bligh konnte sich mit loyalen Crew-Mitgliedern in Sicherheit bringen und kehrte 1791 nach Tahiti zurück, um seine Mission zu vollenden.

Banks' *Florilegium*

Abbildung einer Banksia serrata

Akazienbaum (Gattung *Banksia*)

Durch das Gitterdach fallen Sonnenstrahlen.

MINI-GEWÄCHSHAUS
Pflanzensammler durchkämmten für Joseph Banks die ganze Welt und schickten Exemplare an den Botanischen Garten in Kew. Mit ihm als nichtamtlichem Direktor und dank der Unterstützung von König Georg III. wurde Kew zum Zentrum botanischer Forschung. Die Einführung des „Wardian case" genannten Mini-Gewächshauses 1827 erleichterte den sicheren Transport von Pflanzen auf langen Seereisen. Es wurde bis in die 1960er-Jahre in Kew verwendet.

Getrockneter Hibiskus aus Banks' Herbarium

Georges Cuvier

Frankreich hatte die Revolution gerade hinter sich, als Georges Cuvier in das Museum für Naturgeschichte in Paris eintrat und sich dort dem Körperbau von Tieren widmete. Er war ein brillanter Vortragender und Zeichner und behauptete, er könne anhand eines einzigen Knochens das Skelett eines ganzen Säugetieres konstruieren. Als die französische Armee das Museum mit Kisten voller Funde überschwemmte, die sie auf ihren Feldzügen erbeutet hatte, fand er eine Theorie bestätigt, mit der er die Zeitgenossen schockierte: Er stellte fest, dass prähistorische Säugetiere wie das Mammut ganz andere Knochen hatten als heute lebende Arten – er hatte also entdeckt, dass diese Tierarten ausgestorben sind. Cuvier begründete damit den Forschungszweig der Vertebraten-Paläontologie, die sich mit ausgestorbenen Wirbeltieren beschäftigt.

BARON GEORGES CUVIER (1769–1832)
Dieses Porträt von Marie-Nicholas Ponce-Camus (der auch Napoleon malte) zeigt Cuvier als perfekten Gentleman. Er war zwar eher einfacher Herkunft, gehörte aber bald zur französischen Bildungselite und überlebte viele politische Umstürze.

Abdruck eines fossilen Brachiopoden (Meerestier mit Schalen)

Fels mit Muscheln vom Mount Snowdon (Wales)

GEHEIMNISVOLLE MUSCHELN IM GESTEIN
Auf Berggipfeln finden sich Steine mit eingeschlossenen Muscheln. Viele Europäer glaubten im 18. Jh., sie stammten von der Sintflut. Naturforscher fanden jedoch Hinweise, dass sich die Erdoberfläche nach und nach verändert hat. Die Muscheln waren Fossilien, also Überreste von Tieren, die einst in dem weichen Schlick der Urozeane versunken waren. Der Schlick am Meeresboden versteinerte und wurde später zu Gebirgen aufgefaltet.

1769	Am 23. August in Montbéliard in der französischen Region Jura geboren.
1784	Nimmt ein vierjähriges Studium an der Karlsschule in Stuttgart auf, zu Beginn der Revolution ist er Hauslehrer bei einer französischen Familie.
1795	Tritt in das Nationalmuseum für Naturgeschichte in Paris ein.
1799	Wird Professor für Naturgeschichte am Collège de France.
1801	Forscht über Fische; Ergebnis: Naturgeschichte der Fische.
1802	Arbeitet über Mollusken (u. a. Schnecken, Schlangen, Tintenfische).
1804	Rund um Paris gefundene Mammutfossilien legen den Schluss nahe, dass die Erde viel älter ist als damals gedacht.
1808	Napoleon beruft ihn in den Rat der Kaiserlichen Universität.
1812	Berichtet in Untersuchungen über fossile Knochen über 29 neue Arten.
1813	Veröffentlicht seinen Essay über die Theorie der Erde.
1817	Das von Cuvier selbst illustrierte Werk Das Tierreich erscheint.
1826	Cuvier wird zum Ritter der Ehrenlegion geschlagen. 1831 wird er zum Baron geadelt und zum Präsidenten des Staatsrats ernannt.
1832	Zum Innenminister ernannt. Stirbt am 13. Mai an Cholera.

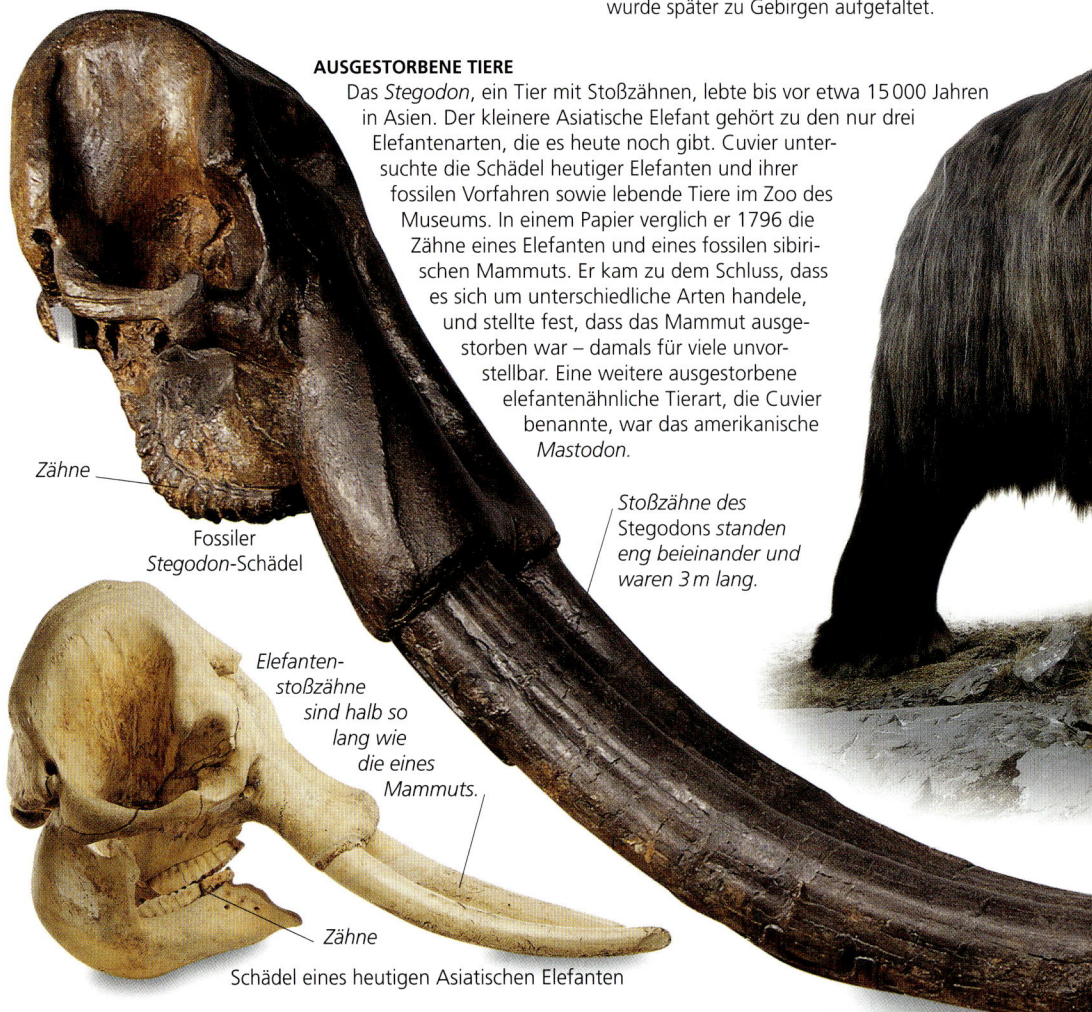

AUSGESTORBENE TIERE
Das *Stegodon*, ein Tier mit Stoßzähnen, lebte bis vor etwa 15 000 Jahren in Asien. Der kleinere Asiatische Elefant gehört zu den nur drei Elefantenarten, die es heute noch gibt. Cuvier untersuchte die Schädel heutiger Elefanten und ihrer fossilen Vorfahren sowie lebende Tiere im Zoo des Museums. In einem Papier verglich er 1796 die Zähne eines Elefanten und eines fossilen sibirischen Mammuts. Er kam zu dem Schluss, dass es sich um unterschiedliche Arten handele, und stellte fest, dass das Mammut ausgestorben war – damals für viele unvorstellbar. Eine weitere ausgestorbene elefantenähnliche Tierart, die Cuvier benannte, war das amerikanische *Mastodon*.

Zähne
Fossiler Stegodon-Schädel

Stoßzähne des Stegodons standen eng beieinander und waren 3 m lang.

Elefantenstoßzähne sind halb so lang wie die eines Mammuts.

Zähne
Schädel eines heutigen Asiatischen Elefanten

FOSSILIENFUNDE
Diese Fossilienjäger graben an einer prähistorischen Stätte in Durfort (Südfrankreich) Knochen aus. Die Knochen gehören zu einem riesigen *Mammuthus meridionalis* oder Südelefanten, der einst durch Europa zog und vor etwa 1 Million Jahre ausstarb. In Steinbrüchen und beim Straßen-, Eisenbahn- und Kanalbau wurden im 18. und 19. Jh. viele große Fossilien ausgegraben.

> „Das Leben auf dieser Erde wurde oftmals von Katastrophen schwer getroffen."
>
> Georges Cuvier
> in seinem Buch *Die Umwälzungen der Erdrinde*, 1825

ANDERE FORMEN UND FARBEN
Cuviers Kollege, der französische Naturforscher Jean Baptiste de Lamarck (1774–1829), war ein Experte für wirbellose Tiere und vertrat eine frühe Theorie der Evolution. Während er meinte, dass Lebewesen sich weiterentwickeln, indem sie sich an ihre Umgebung anpassen, war Cuvier überzeugt, dass Tiere feste, unveränderliche Eigenschaften haben. Diese vier südamerikanischen Schmetterlinge gehören zu verschiedenen Unterarten. Sie kreuzen sich, sehen aber nicht ganz gleich aus. Lamarck hatte im Ergebnis recht: Die Welt der Lebewesen verändert sich. Seine Methode aber stimmte nicht.

Agrias claudina lugens, Peru

Agrias claudina godman, Zentralbrasilien

Agrias claudina claudianus, südöstliches Brasilien

Agrias claudina intermedius, südöstliches Kolumbien und Venezuela

Wollhaarmammut

Ganz andere Stoßzähne als heute lebende Elefanten

Fossiler *Mastodon*-Wirbel

VERSCHWUNDENE WELTEN UND ARTEN
Supervulkane, Erdbeben und gewaltige Überschwemmungen können für Lebewesen verheerend sein. Nach Cuviers Überzeugung hatte eine Reihe von Katastrophen in der Erdgeschichte dazu geführt, dass einige Tierarten ausgestorben waren und überlebende Arten ihren Platz eingenommen hatten. Seine Ideen veröffentlichte er in dem Buch *Essay über die Theorie der Erde*. Er bewies als Erster das Aussterben von Arten, heute ein wichtiger Bestandteil der Naturgeschichte.

Charles Darwin

Charles Darwin sollte Arzt oder Geistlicher werden, doch seine Leidenschaft galt der Naturgeschichte. Die Chance, die *Beagle* als Naturforscher zu begleiten, ergriff er 1831 sofort. Während der Reise, die ihn um die halbe Welt führte, lernte er eine vielfältige Tier- und Pflanzenwelt kennen und erfuhr eine Menge über Geologie. Dabei wuchs in ihm der Keim für eine Theorie, die unser Verständnis von der Geschichte des Lebens umstürzen sollte: Nach ihr stammen alle Arten von früher existierenden Arten ab und dieser „Evolution" genannte Prozess ist für die natürliche Auslese verantwortlich. Darwin sammelte wissenschaftliche Belege für seine Theorie, machte sie jedoch erst publik, als der Naturforscher Alfred Wallace (1823–1913) ähnliche Vorstellungen äußerte. 1859 erschien dann Darwins Werk *Über die Entstehung der Arten*.

CHARLES DARWIN (1809–1882)
Seinen langen weißen Bart ließ sich Darwin erst im Alter wachsen. Als junger Mann war er eine stattliche Person von so guter Gesundheit, dass er sich eine lange Seereise zutraute. Danach litt er 40 Jahre an Symptomen, die darauf hindeuten, dass er sich unterwegs eine parasitäre Krankheit geholt hatte.

1809	*Darwin wird am 12. Februar in Shropshire (England) geboren, Enkel des Arztes und Philosophen Erasmus Darwin und des für sein Porzellan bekannten Josiah Wedgwood.*
1825	*Nimmt ein Medizinstudium an der Universität von Edinburgh auf, verliert aber bald das Interesse.*
1827	*Schreibt sich für ein Bachelor-Studium am Christ's College der Universität Cambridge ein, beginnt Käfer zu sammeln. Besucht die Royal Institution, die Linnean Society und den Zoo in London.*
1831	*Begleitet Adam Sedgwick (1785–1873), Geologieprofessor in Cambridge, zur Feldforschung nach Nord-Wales. Startet seine fünfjährige Fahrt an Bord der Beagle.*
1837	*Erster Vortrag vor der Geological Society in London.*
1838	*Erster Band der Zoologie erscheint, weitere vier Bücher über Säugetier-Fossilien, gesammelt auf der Fahrt.*
1839	*Wird in die Royal Society aufgenommen. Seine Erinnerungen an die Reise mit der Beagle erscheinen.*
1859	*Über die Entstehung der Arten durch natürliche Zuchtwahl erscheint und löst Widerspruch aus.*
1871	*Entfaltet in Die Abstammung des Menschen die Evolutionstheorie.*
1882	*Darwin stirbt am 19. April. Er ist in Westminster Abbey bestattet.*

DIE REISE MIT DER *BEAGLE*
„Sag Edward, er soll mir meine Reisetasche schicken, meine Slipper, ein Paar leichte Wanderschuhe, meine spanischen Bücher, mein neues Mikroskop…", schrieb Darwin an seine Schwester. Seine Reise mit der *Beagle* 1831–1836 führte zu den Kapverden, über den Atlantik, an der Küste Südamerikas entlang, über den Pazifik nach Australien und nach Mauritius vor der Ostküste Afrikas. Darwin kehrte mit seinem Tagebuch und einer riesigen Sammlung von Funden zurück.

Auf der *Beagle* verwendetes Fernrohr

Darwins Unterschrift

Schmetterlingsflügel

Kompass

Aus Darwins Käfersammlung

Sammelbüchsen mit Darwins Proben

Rubintyrann

Riesenschildkröte

RIESENSCHILDKRÖTE
Die *Beagle* besuchte auch die Galapagosinseln im Pazifik 1300 km vor Ecuador (Südamerika). Darwin staunte über die dortige Tier- und Pflanzenwelt. Einheimische wiesen ihn darauf hin, dass die Riesenschildkröten auf jeder Insel etwas anders aussahen. Darwin stellte ferner fest, dass die Schnäbel der Insel-Finken, je nachdem was sie fraßen, leicht unterschiedlich geformt waren. Später schloss er daraus, dass eine Art vom Festland gekommen war und sich daraus neue Insel-Arten entwickelt hatten.

Modell des *Glyptodons*

Knochenplatten wie beim Gürteltier

Heute lebendes Gürteltier

HINWEISE AUF VERÄNDERUNGEN
Auf der *Beagle* las Darwin *Die Prinzipien der Geologie* von Charles Lyell (1797–1875) und sah selbst Belege dafür, wie sich über Hunderte von Millionen Jahren Landschaften geformt hatten. Er sammelte Fossilien von Tieren in Südamerika und stellte Ähnlichkeiten zwischen dem riesigen ausgestorbenen *Glyptodon* und dem noch existierenden kleineren Gürteltier fest. Anders als Lyell, der an die Unveränderlichkeit der Arten glaubte, sah Darwin im *Glyptodon* einen Vorfahren des Gürteltiers.

„*Das Prinzip, wonach jede leichte Abweichung, wenn sie nützlich ist, erhalten bleibt, habe ich als natürliche Auslese bezeichnet.*"

Charles Darwin
Über die Entstehung der Arten, 1859

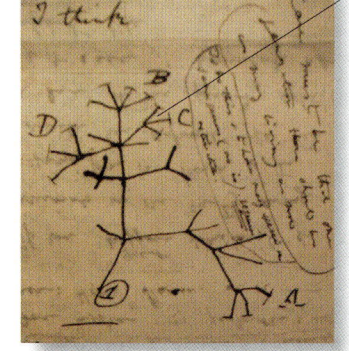

Erste Skizze eines Stammbaums der Arten

Seite aus Darwins Notizbuch *Der Baum des Lebens,* 1837

DIE NATÜRLICHE AUSLESE
In seinen Skizzen verbindet Darwin verschiedene Lebewesen zu Stammbäumen, um zu zeigen, wie Tiere oder Pflanzen miteinander verwandt sind. Er zeigt, dass die Evolution durch natürliche Auslese geschieht: Einige Individuen einer Art überleben besser als andere, weil ihre Merkmale, z. B. schärfere Krallen, besser an die Umgebung angepasst sind. Diese Vorteile geben sie an ihre Nachkommen weiter – ein Prozess, der sich fortsetzt.

MENSCH UND AFFE
„Das ist ein wenig wie ein Mordgeständnis", schrieb Darwin über sein Buch *Über die Entstehung der Arten.* Indem er postulierte, dass Lebewesen einen gemeinsamen Vorfahren haben, behauptete er, Mensch und Tier seien verwandt – ein Widerspruch zum christlichen Schöpfungsgedanken. Darwin behielt seine Theorie zunächst für sich, weil er – zu Recht – befürchtete, sie könnte feindselig aufgenommen werden. Seine Kritiker waren neben der Kirche viele Wissenschaftler. Karikaturisten stellten ihn als Affen dar.

Karikatur in einer Zeitschrift, 1871

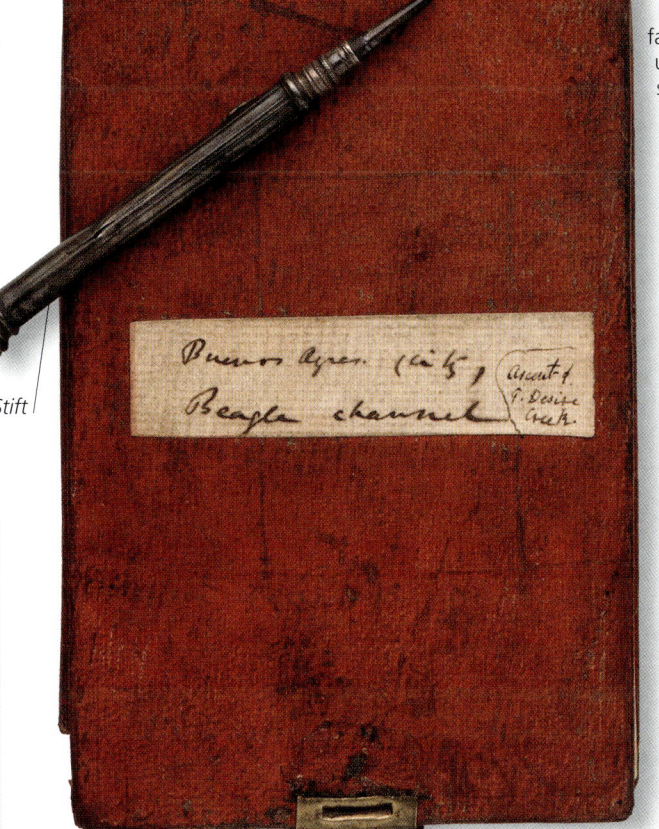

Darwins Stift

Objektträger

Darwins Notizbuch auf der *Beagle*

RUHE IN DOWN HOUSE
1842 zog sich Darwin nach Down House in Kent zurück, wo er über Evolution, Regenwürmer und Orchideen arbeitete. Als Naturforscher immer im Dienst, machte er sich Notizen zur Mimik seiner kleinen Kinder, die in ein Buch über menschliche Gefühle einfließen sollten. Als liebevoller Vater war er untröstlich, als seine Tochter Annie im Alter von zehn Jahren starb. Down House ist heute ein Museum.

Charles Babbage

CHARLES BABBAGE (1791–1871)
Seine Hauptinteressen waren Mathematik (wobei er eine Schwäche für Statistik hatte), Technik, Industrie und politische Ökonomie. Babbage war an der Gründung gelehrter Gesellschaften beteiligt. Trotz seiner Schrullen und Temperamentsausbrüche war er ein beliebter Partygast.

Sein Leben lang war Charles Babbage damit beschäftigt, riesige automatische Rechenmaschinen zu entwerfen. Er war vermögend, mathematisch begabt und hatte viele Interessen. Seine besondere Leidenschaft galt gedruckten astronomischen und mathematischen Tafeln, die er fehlerfrei machen wollte. Babbage gab viel Geld für seine ehrgeizigen Projekte aus, sah sich aber am Ende um seine Hoffnungen betrogen. Heute wird er als Pionier des modernen Computers gefeiert. 1991 wurde ein funktionstüchtiges Modell seiner Differenzmaschine Nr. 2 in Originalgröße für das Londoner Wissenschaftsmuseum fertiggestellt. Es dauerte neun Jahre, um auch den Drucker mit 4000 Einzelteilen und einem Gewicht von über 3 Tonnen zu bauen.

1791	Am 26. Dezember in London geboren und in Devon aufgewachsen, dort Ehe mit Georgiana Whitmore.
1810	Vom Trinity College in Cambridge angenommen, aber enttäuscht vom Niveau des Mathematikunterrichts.
1812	Gründet mit John Herschel und George Peacock die Analytical Society.
1814	Bachelor-Abschluss am Peterhouse College in Cambridge.
1816	Wird in die Royal Society in London aufgenommen.
1819	Beginnt mit der Konstruktion einer kleinen Differenzmaschine. 1822 ist die Rechenmaschine fertig.
1820	Mitglied der Royal Society von Edinburgh, Mitbegründer der Royal Astronomical Society.
1823	Erhält von der Astronomischen Gesellschaft für seine Differenzmaschine eine Goldmedaille. Beginnt mit der Arbeit an einer zweiten, größeren Rechenmaschine.
1827	Erhält einen Lehrstuhl für Mathematik an der Universität Cambridge. Bleibt zwölf Jahre, ohne je Vorlesungen zu halten.
1833	Lernt Ada Lovelace kennen, die für ihn ein italienisches Papier über seine Analytische Maschine übersetzt.
1836	Abschluss der Planungen für die Analytische Maschine (nie realisiert).
1871	Stirbt am 18. Dezember wenig beachtet in London.

Die Pascaline, eine mechanische Rechenmaschine

Griff — Gezähnte Zylindertrommel

Leibniz' Rechenmaschine für die vier Grundrechenarten

MECHANISCHE RECHENMASCHINEN
Der französische Philosoph Blaise Pascal (1623–1662) und der deutsche Mathematiker Gottfried Wilhelm Leibniz (1646–1716) entwarfen beide mechanische Rechenmaschinen. Bei der Pascaline wurden Zahlen mit einer Reihe von Zahnrädern berechnet und das Ergebnis wurde in Fenstern angezeigt. Leibniz stellte 1694 eine verbesserte Rechenmaschine vor, die addieren, subtrahieren, multiplizieren und dividieren konnte.

DIE DIFFERENZMASCHINE NR. 1 VON BABBAGE
1821 nahm Babbage die Arbeit an seiner ersten großen Differenzmaschine auf, einer Maschine für automatische Berechnungen. Um das Gerät herzustellen, wären 25 000 Metallteile nötig gewesen, es hätte 15 t gewogen. Diesen kleinen Teil der Maschine stellte der Werkzeugmacher Joseph Clement 1832 her. Es ist das älteste erhaltene Exemplar einer automatischen Rechenmaschine. Mehr davon wurden nicht gebaut. Zwar erhielt Babbage Finanzmittel von der Regierung, doch nach vielen Rückschlägen gab er das Projekt auf und begann mit seiner Arbeit an der Differenzmaschine Nr. 2.

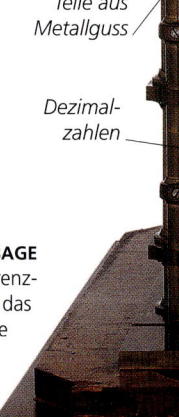

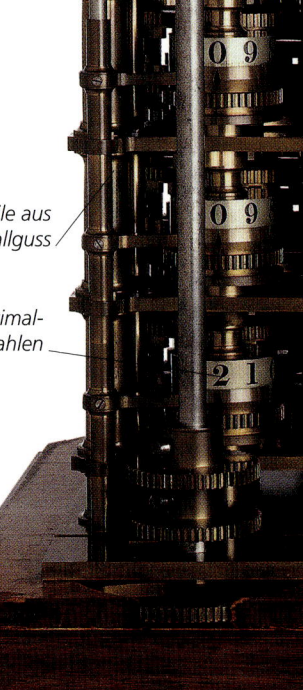

Rechenergebnis in Fenstern angezeigt
Räder stehen für die Zahlen 0–9.
Zahnradreihen werden von einer Stufentrommel im Innern der Maschine gedreht.
Teile aus Metallguss
Dezimalzahlen

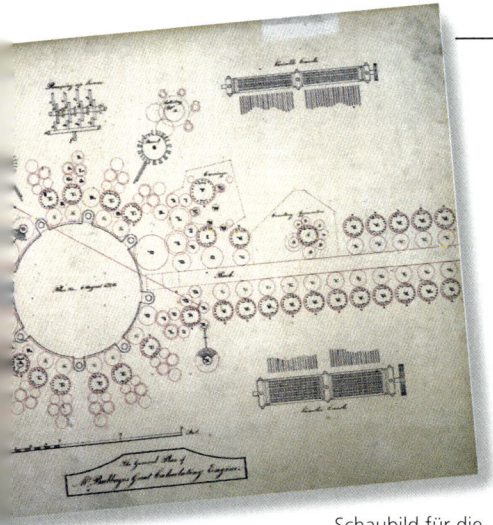

Schaubild für die
Analytische Maschine, 1840

Lochkarten für die
Analytische Maschine

Um Befehlsketten zu ermöglichen, sind die Lochkarten durch Fäden miteinander verbunden.

Maschine wird durch Karten mit ausgestanzten Löchern gesteuert.

ANALYTISCHE MASCHINE
1833 wandte sich Babbage von den Differenzmaschinen ab und der ausgefeilteren Analytischen Maschine zu. Sie ließ sich mit Lochkarten programmieren. Wie ein moderner Computer bewahrte sie Zahlen in einem Speicher auf und hatte ein davon getrenntes Rechenwerk, „Mill" genannt. Für eine Analytische Maschine hätte man sogar noch mehr Teile als für eine Differenzmaschine und eine Dampfmaschine zum Antrieb gebraucht. Deshalb wurde sie nie gebaut.

Zahnrad

„Die Analytische Maschine webt algebraische Muster wie der Jacquard-Webstuhl Blumen und Blätter."

Ada Lovelace
in ihren Anmerkungen zur Übersetzung von Menebraes Papier über die Analytische Maschine, 1842 erschienen

ADA LOVELACE
Lady Lovelace (1815–1852), Tochter des Dichters Byron, setzte sich sehr für Babbages Analytische Maschine ein. Die von ihr entwickelte Methode zur Berechnung von Bernoulli-Zahlen gilt als Vorläufer eines Computerprogramms. Sie und Babbage tauschten Briefe aus, in denen es um Mathematik, aber auch um Musik und Pferderennen ging.

Babbages Kuhfänger

KUHFÄNGER
1838 entwarf Babbage den „Kuhfänger", einen vorn an der Lokomotive angebrachten Metallrahmen zum Wegräumen von Hindernissen wie herumstreunenden Tieren, und führte weitere Sicherheitsexperimente für eine britische Eisenbahngesellschaft durch. Seine Erfahrungen auf dem Gebiet der Mechanik ließ Babbage, ein Anhänger des industriellen Fortschritts, in sein Buch *Die Ökonomie der Maschine* einfließen, das 1832 erschien.

HOLLERITHS LOCHKARTEN
1801 erfand der Franzose Joseph-Marie Jacquard einen Webstuhl, auf dem die Muster durch Lochkarten gesteuert wurden. Der Statistiker Herman Hollerith (1860–1929) griff die Idee bei der Auszählung der Volksbefragung von 1890 in den USA auf. Das Foto zeigt seine Maschine.

Michael Faraday

SIR MICHAEL FARADAY (1791–1867)
Mit seiner Frau Sarah gehörte Michael Faraday einer in Schottland gegründeten christlichen Sekte, den Sandamanians, an. Sein Glaube bewog ihn, nach einheitlichen Naturgesetzen zu suchen, doch ansonsten trennte er sein Leben als Naturphilosoph relativ stark von dem als Prediger.

Als armer, wenig gebildeter Buchbinderlehrling erhielt Michael Faraday 1812 die Chance seines Lebens: Er durfte die Vorlesungen des Chemikers Sir Humphry Davy (1778–1829) besuchen, bekam eine Anstellung als dessen chemischer Assistent und begleitete ihn auf einer Forschungsreise durch Europa. 1821 wurde Faraday Oberinspektor des gut ausgestatteten Labors der Londoner Royal Institution. Hingebungsvoll widmete er sich seinen wissenschaftlichen Experimenten. Der vom Elektromagnetismus faszinierte Faraday dachte sich eine Methode aus, wie sich mit einem Magnetfeld ein dauerhafter elektrischer Strom erzeugen lässt, und entwarf darauf aufbauend eine Vorläuferversion des Elektromotors und einen Dynamo, ein Gerät, das mechanische Bewegung in Elektrizität umwandelt.

1791	Am 22. September als Sohn eines Hufschmieds aus Nordengland in London geboren.
1805	Beginnt bei George Riebau eine Buchbinderlehre.
1810	Schließt sich der Philosophical Society an. Bei den wöchentlichen Treffen werden wissenschaftliche Fragen debattiert.
1813	Zu Davys chemischem Assistenten an der Royal Institution ernannt.
1821	Zum Oberinspektor der Royal Institution befördert.
1830	Wird Professor für Chemie an der Königlichen Militärakademie in Woolwich, bleibt dort 21 Jahre.
1831	Entdeckt die elektromagnetische Induktion, das Funktionsprinzip von Generatoren und Transformatoren.
1836	Wird zum wissenschaftlichen Berater von Trinity House ernannt, der für die sichere Navigation in den Gewässern vor England und Wales zuständigen Leuchtturmbehörde.
1845	Entdeckt den Diamagnetismus: Manche Substanzen werden von Magneten abgestoßen. Stellt Ähnlichkeiten von Licht und Magnetismus fest (Faraday-Effekt).
1867	Stirbt am 25. August in London.

Magnet — *Spule*

DAS MAGNETFELD
Mit einem berühmten Experiment wies Faraday nach, dass ein Magnetfeld elektrischen Strom erzeugt – ein Vorgang, der Induktion genannt wird. 1831 zeigte er, dass ein Magnet, der nahe an oder in einer Drahtspule bewegt wird, eine Kraft erzeugt, die ein Galvanometer (ein Gerät, das Strom registriert und misst) ausschlagen lässt. Er glaubte, dass elektrisch aufgeladene Objekte von „Kraftlinien" umgeben seien, vergleichbar den Mustern, die Eisenspäne um einen Magneten bilden.

Ausschlagender Zeiger weist induzierten Strom nach.

Über Handkurbel und Kette wird die Kupferscheibe im Magnetfeld gedreht. — *Kupferscheibe* — *Elektromagnet erzeugt starkes Magnetfeld.*

Durchgangsklemme — *Kontaktfedern*

ELEKTROMOTOR
1831 baute Faraday bei elektromagnetischen Forschungen den ersten Elektrogenerator. Bei diesem Modell dreht sich eine Kupferscheibe zwischen den Polen eines Elektromagneten und erzeugt so elektromotorische Kraft. Wenn die Kupferscheibe über die Klemmen am Boden an ein Galvanometer angeschlossen wird, zeigt das Messgerät einen stetigen Strom an. Dreht sich die Scheibe nicht mehr, versiegt auch der Strom.

WEIHNACHTSVORLESUNGEN FÜR KINDER
Eine kindliche Zuhörerschaft hängt Faraday an den Lippen, als er eine seiner Weihnachtsvorlesungen hält, aus ihnen ging später das Buch *Naturgeschichte einer Kerze* hervor. Er war ebenso talentiert wie engagiert in der Vermittlung wissenschaftlicher Erkenntnisse an ein breites Publikum. Bis heute halten an der Royal Institution führende Wissenschaftler Weihnachtsvorlesungen.

Thomas Edison

Thomas Edison war ein unermüdlicher Erfinder und cleverer Geschäftsmann. Seine ersten Erfindungen machte er als junger Telegrafist. Später richtete er ein Hochleistungslabor in Menlo Park (New Jersey, USA) ein. Auf der Suche nach einer langlebigen Glühbirne untersuchte er 3000 Materialien auf ihre Eignung als Glühfaden. Er gründete das erste Elektrizitätswerk und wurde damit zum Pionier der allgemeinen Stromversorgung. Ferner erkundete er die Möglichkeiten, diese Energiequelle bei der Arbeit, zu Hause und zu Unterhaltungszwecken zu nutzen.

THOMAS ALVA EDISON (1847–1931)
Edison führt hier das Kinetoskop vor, einen Guckkasten und Vorläufer des Projektors, den sein Assistent William Dickson entworfen hat. Die Erfindung fiel mit der Geburt der Filmindustrie im Studio Black Maria in Edisons Labor in West Orange (New Jersey) zusammen.

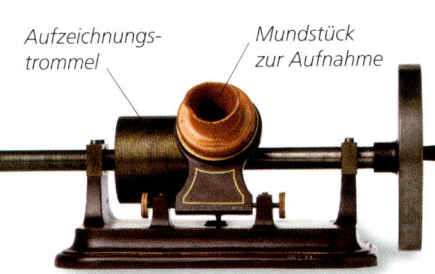

Aufzeichnungstrommel
Mundstück zur Aufnahme

Edisons Phonograph

Erhitzter Kohlefaden glüht.

Vakuum in der Birne verhindert, dass der Faden verbrennt.

Strom erhitzt den Kohlefaden.

Edisons Glühlampe

DER ZAUBERER VON MENLO PARK
Edison war als harter Arbeiter verschrien; sogar am Tag seiner Hochzeit kehrte er ins Labor zurück. Er brachte die Ideen anderer zur Marktreife und stellte die erste kommerzielle Glühbirne her. Ganze Teams ließ er für sich arbeiten und über 1000 Erfindungen patentieren. Zu den umgesetzten zählen der elektrische Stimmenzähler, der Phonograph (zur Schallaufzeichnung und -wiedergabe), der Fernschreiber, der Kinetograph (eine Kamera für bewegte Bilder) und eine Fortentwicklung von Bells Telefon.

FRED OTT NIEST
Dieser Film wurde 1889 in Edisons Studio in New Jersey gedreht. Das Niesen des Laborarbeiters Fred Ott ist in einer Bildfolge auf Film festgehalten. Ein Kinetoskop führte die Bilder an einem Schauschlitz vorbei. Inspiriert war Edison von Eadweard Muybridge (1830–1904), der Bewegungsabfolgen in Fotoserien erfasst hatte.

> „Genie ist 1 % Inspiration und 99 % Transpiration."
>
> Thomas Edison in der Zeitschrift *Harper's Monthly*, Ausgabe vom September 1932

1847	Am 11. Februar in Ohio (USA) geboren, Unterricht bei der Mutter.
1862	Nimmt eine Arbeit als Telegrafist in Port Huron/Michigan auf.
1868	Erfindet den elektrischen Stimmenzähler, sein erstes Patent.
1876	Zieht nach Menlo Park (New Jersey) und baut das erste umfassende industrielle Forschungslabor auf.
1877	Erfindet das Kohlemikrofon zur Übertragung von Schall im Telefonhörer.
1879	Erste Vorführungen der elektrischen Glühbirne.
1881	Gründet in New York die Electric Light Company.
1893	Führt sein System zur Aufnahme und Wiedergabe bewegter Bilder vor und lässt es patentieren.
1909	Bringt die Alkalibatterie auf den Markt, die heute vielfach verwendet wird.
1931	Stirbt am 18. Oktober in seinem Haus in West Orange/New Jersey, heute eine nationale historische Stätte.

ELEKTRIZITÄT ÜBERALL
Die Straßen New Yorks sind von Neonlichtern hell erleuchtet. 1882 war Edison am Bau des Elektrizitätswerks für Süd-Manhattan beteiligt. Er wollte das Monopol des Hauptenergieträgers Gas bei der Straßenbeleuchtung brechen. Sobald aus dem Netz Strom bezogen werden konnte, eröffnete sich ein riesiger Markt für die elektrischen Geräte, die Edison herstellte.

Louis Pasteur

Welche Rolle Bakterien und andere mikroskopisch kleine Organismen als Krankheitserreger spielen, war Anfang des 19. Jahrhunderts nicht bekannt. Die meisten Leute glaubten, diese Erreger würden aus Luft oder unbelebter Materie entstehen. Der französische Biochemiker Louis Pasteur wies als Erster nach, dass sich Mikroben fortpflanzen. Seine Theorie, dass Keime Krankheiten auslösen, revolutionierte die Medizin. Pasteur plädierte für mehr Hygiene in den Kliniken, um die Ausbreitung von Krankheiten zu verhindern. In geduldiger, sorgfältiger und systematischer Arbeit machte er gefährliche Mikroorganismen aus und entwickelte Impfstoffe zum Schutz von Tieren und Menschen vor einigen der am meisten gefürchteten Krankheiten.

LOUIS PASTEUR (1822–1895)
Der finnische Künstler Albert Edelfelt schuf dieses Porträt nach Skizzen, die er in Pasteurs Labor gefertigt hatte. Als es in den 1880er-Jahren entstand, war Pasteur schon weltberühmt. Hier prüft er für seine Tollwut-Forschung den Abschnitt einer Wirbelsäule.

LEBEN BRINGT LEBEN HERVOR
Der natürliche Film, der diese Trauben überzieht, besteht aus einzelligen Hefepilzen, die wachsen, indem Teile ihrer Zellen sprießen. Damals glaubten die Leute, solche Mikroorganismen würden aus dem Nichts entstehen, wenn sie nur die entsprechenden Bedingungen vorfänden. Pasteur wies experimentell nach, dass auch Mikroorganismen sich fortpflanzen.

Mit Hefepilzen überzogene Trauben

Zucker wandelt Hefe in Alkohol um.

Sprießende Hefezelle

Eingefärbtes Wasser schützt vor eindringender Luft.

Kohlendioxid entweicht durch das Wasser.

Stopfen hält Mikroorganismen fern.

„Auf dem Feld der Beobachtung begünstigt das Glück nur den vorbereiteten Geist."

Louis Pasteur
in seiner Antrittsrede an der Universität Lille, 1854

Wenn Hefe Zucker in Alkohol verwandelt, steigen Kohlendioxid-Blasen auf.

Traubensaft und Zucker gären.

GESUNDE MILCH
Bevor Milch in den Verkauf geht, wird sie vorsichtig und für kurze Zeit auf eine bestimmte Temperatur erhitzt. Durch dieses „Pasteurisieren" soll die Zahl der schädlichen Organismen (Bakterien, Viren, Schimmelpilze) in der Milch verringert werden. Pasteur führte das Verfahren in den 1860er-Jahren ein, um die Weingärung zu verbessern.

VERBESSERTE ALKOHOLGÄRUNG
Die französischen Wein- und Biererzeuger baten Pasteur um Hilfe, weil es häufig vorkam, dass ihre Produkte sauer waren. Pasteur stellte Unterschiede bei den Hefezellen in gutem und saurem Wein fest. Er entdeckte, dass lebende Hefe auch in sauerstofffreiem Milieu Alkohol erzeugt (1856). Die richtige Hefe musste verwendet werden und andere Mikroorganismen waren durch Erhitzen der Flüssigkeit auf 55 °C abzutöten.

DIE SEIDENRAUPE IST GERETTET

In Südwestfrankreich gab es eine blühende Seidenindustrie. 1864 bat die Regierung Pasteur, den Seidenraupenzüchtern im Kampf gegen eine Krankheit beizustehen, von der die Kokons befallen waren. Die Leute vor Ort waren skeptisch, doch nach zwei Jahren hatte Pasteur herausgefunden, dass zwei Arten von Parasiten den Schaden verursachten. Alle befallenen Eier, Larven und ihre Nahrung, die Blätter der Maulbeerbäume, wurden vernichtet.

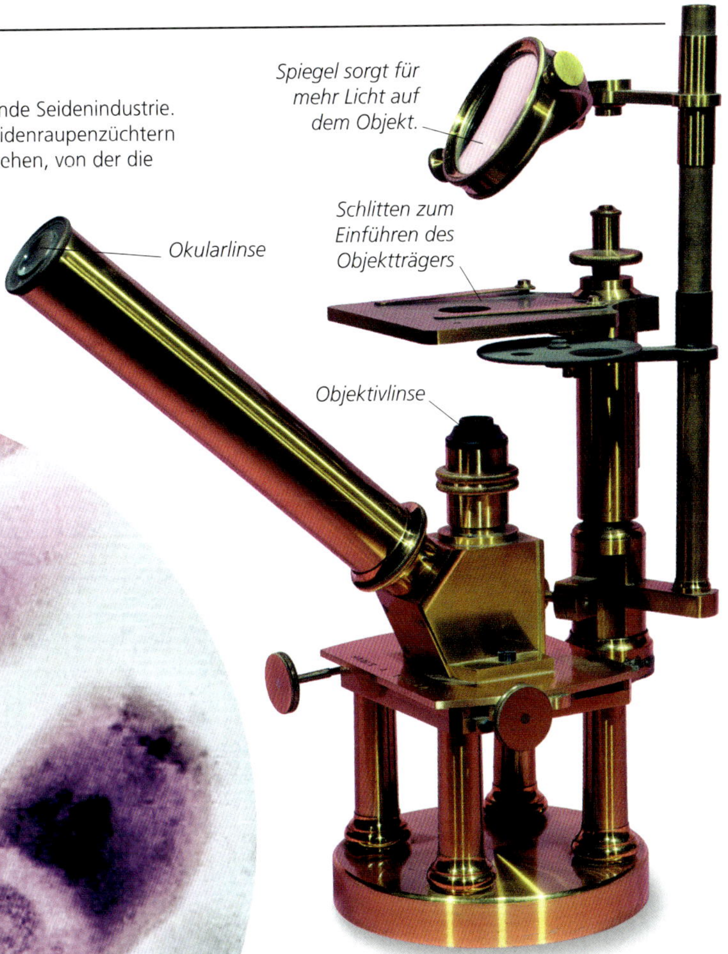

Spiegel sorgt für mehr Licht auf dem Objekt.

Okularlinse

Schlitten zum Einführen des Objektträgers

Objektivlinse

Pasteurs Mikroskop

1822	Am 27. Dezember in der französischen Region Jura geboren.
1849	Wird Professor für Chemie an der Universität Straßburg und macht dort wichtige Entdeckungen über die Kristallstrukturen organischer Verbindungen.
1854	Wird Professor für Chemie an der Universität Lille, beginnt mit der Erforschung des Gärungsprozesses.
1857	Verwalter und Direktor der wissenschaftlichen Studien an der École Normale Supérieure in Paris.
1861	Veröffentlicht Experimente, um die Theorie der Spontanbildung von Krankheitserregern zu widerlegen.
1864	Reist nach Südfrankreich, um Krankheiten der Seidenraupe zu erforschen, und kommt zu dem Schluss, dass Mikroben sie auslösen.
1865	Lässt die Methode des Pasteurisierens patentieren und wendet sie an, um unerwünschte Organismen im Wein abzutöten.
1881	Experimentiert mit Impfstoffen an Schafen gegen Milzbrand.
1885	Erste Tollwutimpfung. Joseph Meister überlebt dadurch den Biss eines tollwütigen Hundes.
1888	In Paris wird das erste Institut Pasteur eröffnet, eine private Forschungseinrichtung zur Verhütung und Behandlung von Krankheiten.
1895	Pasteur stirbt am 28. September in Saint Cloud nahe Paris.

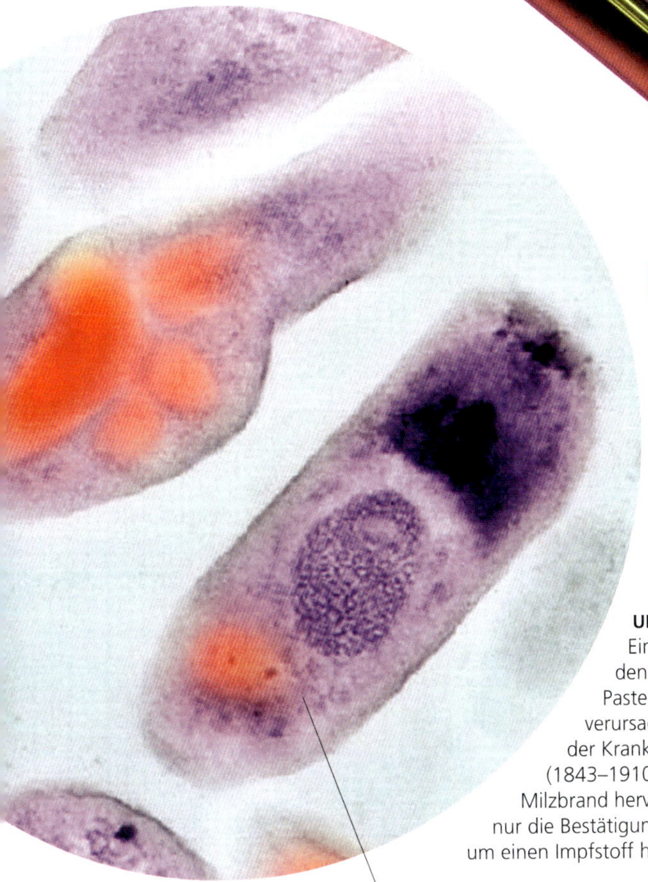

UNSICHTBARE FEINDE

Ein modernes Elektronenmikroskop zeigt den Erreger der tödlichen Krankheit Milzbrand. Pasteur war überzeugt, dass Mikroben Krankheiten verursachen, und veröffentlichte 1878 seine Theorie der Krankheitskeime. Der deutsche Arzt Robert Koch (1843–1910) identifizierte 1876 als Erster die Mikrobe, die Milzbrand hervorruft. Pasteurs Forschungen lieferten nicht nur die Bestätigung, er experimentierte zudem mit Schafen, um einen Impfstoff herzustellen, der vor Milzbrand schützt.

Milzbrand-Erreger unter dem Elektronenmikroskop

Milzbrandbazillus, ein stäbchenförmiges Bakterium

TOLLWÜTIGER HUND

Der Speichel, der diesem Hund aus dem Maul tropft, ist ein Zeichen dafür, dass er an Tollwut leidet. Die Krankheit wird durch Viren verursacht, winzige Organismen, für die Pasteurs Mikroskop zu schwach war. Er stellte aber fest, dass die Krankheit das zentrale Nervensystem befällt, und erzeugte aus der Flüssigkeit, die er der Wirbelsäule infizierter Tiere entnahm, einen Impfstoff, der Hunde schützte.

DIE ERSTE TOLLWUTIMPFUNG

1885 wurde der neunjährige Joseph Meister als erster Mensch durch eine nachträgliche Impfung von Tollwut geheilt, einer schrecklichen Krankheit, die durch den Biss eines tollwütigen Tieres auf Menschen übertragen wird. Pasteur hatte die immunisierende Wirkung bei Tieren beobachtet, zögerte aber, den Impfstoff, eine sehr geringe Menge des Virus, am Menschen zu testen. Er war sehr erleichtert über die Genesung des Jungen.

Das Tollwut-Virus sorgt bei befallenen Hunden für Schaum vor dem Maul.

Dmitri Mendelejew

DMITRI IWANOWITSCH MENDELEJEW (1834–1907)
Mendelejew war für sein ungepflegtes Äußeres bekannt – es hieß, er habe so viel gearbeitet, dass zum Haareschneiden keine Zeit blieb. Er war ein guter Lehrer und ein Liberaler. In der Bahn fuhr er dritter Klasse, um mit den Bauern zu diskutieren.

1834	Mendelejew wird am 8. Februar in Tobolsk (Sibirien, Russland) geboren.
1849	Die Universität Moskau verweigert ihm die Aufnahme als Student.
1850	Lehrer am Pädagogischen Institut in Sankt Petersburg.
1859	Studiert bei Robert Bunsen (1811–1899) in Deutschland.
1864	Wird Professor am Technologischen Institut Sankt Petersburg.
1867	Professor für Chemie an der Universität Sankt Petersburg, nimmt 1868 Arbeit an Lehrbuch auf.
1869	Stellt erstes taugliches Periodensystem der Elemente auf.
1876	Erforscht im Regierungsauftrag Erdölproduktion in den USA.
1882	Erhält mit Lothar Meyer (1830–1895), der auch Periodensysteme geschaffen hat, die Davy-Medaille.
1890	Legt Professorenamt aus Solidarität mit Studentenprotesten nieder.
1893	Zum Direktor des Amtes für Maße und Gewichte ernannt.
1907	Stirbt am 2. Februar in Sankt Petersburg an Grippe.

Als sich der russische Chemieprofessor Dmitri Mendelejew 1869 vornahm, ein Lehrbuch für seine Studenten zu schreiben, waren 63 Elemente bekannt – heute sind 117 identifiziert. Es handelte sich dabei nicht um die Elemente des Aristoteles (S. 7–8), sondern um Stoffe, die die Grundlage aller Materie bilden und oft mit anderen Stoffen Verbindungen eingegangen sind. Im 19. Jahrhundert entwickelten Chemiker neue Techniken, um solche Verbindungen zu trennen und weitere Elemente zu isolieren. Je mehr man über Atome wusste (aus denen Elemente zusammengesetzt sind), desto stärker war das Bedürfnis, die Elemente zu ordnen. Mendelejew tat dies in seinem Periodensystem, einem Meilenstein der modernen Chemie.

WAS IST EIN ELEMENT?
Ein chemisches Element ist ein Stoff, der nur eine Sorte von Atomen enthält und nicht in andere Stoffe zerlegbar ist. In diesem Stein ist das Metall Gold eingeschlossen. Elemente kommen wie Gold in der Natur vor oder werden wie Phosphor aus Verbindungen isoliert. Verbindungen können aus zwei oder mehr Stoffen bestehen.

In einem Quarzstein eingeschlossenes Gold

Natrium

DIE ORDNUNG DER ELEMENTE
Als Mendelejew sein Periodensystem und die Tafel entwickelte, war er nur einer von vielen Chemikern mit der Absicht, die Elemente zu ordnen. Ein Versuch zielte darauf, sie nach ihren physikalischen Eigenschaften wie Härte, Farbe und Sprödigkeit zu sortieren. Andere Ansätze bestanden darin, sie nach ihren chemischen Eigenschaften zu gruppieren – z. B. danach, wie sie mit anderen Stoffen reagieren oder wo ihr Schmelzpunkt liegt. Kupfer (Cu) etwa ist ein rötliches Metall, biegsam und weicher als Eisen. Magnesium (Mg) fängt beim Erhitzen Feuer. Quecksilber (Hg) ist als einziges Metall bei Zimmertemperatur flüssig.

Brom

Eisen

Zink

PROFESSOR IN SANKT PETERSBURG
Die Wohnung in Sankt Petersburg, in der Mendelejew lebte, als er an der dortigen Universität unterrichtete, ist heute ein Museum. Er war bei seinen Studenten sehr beliebt und nutzte seinen eigenen Erfolg, um das Ansehen der Wissenschaftler in Russland ganz allgemein zu heben. Da es kein gutes Chemie-Lehrbuch gab, schrieb er kurzerhand eines: *Prinzipien der Chemie*.

Kupfer

REINES KALIUM GEWONNEN
Der englische Chemiker Sir Humphry Davy (1778–1829) erfand eine Sicherheitsgrubenlampe und entdeckte neue Elemente. Mithilfe von Strom brachte er Pottasche und Soda (heute Kaliumkarbonat und Natriumoxid genannt) zum Schmelzen und erhielt kleine Kügelchen. In einem später „Elektrolyse" genannten Verfahren konnte er aus ihnen die Metalle Kalium und Natrium isolieren. Davy soll vor Freude getanzt haben.

Batterie liefert elektrischen Strom.
Draht leitet elektrischen Strom.
Strom bringt Kaliumkarbonat zum Schmelzen.

WIE VIEL WIEGEN ATOME?
1808 stellte der englische Wissenschaftler John Dalton (1776–1844) die These auf, dass die Elemente aus lauter gleich großen Atomen bestehen, und schlug vor, sie nach ihrem Atomgewicht zu identifizieren. Damals galten Atome als die kleinsten Bausteine der Materie, und wie sollte man so etwas Winziges wiegen? Dalton entwickelte eine Methode, das Atomgewicht verschiedener Elemente mit dem Gewicht eines Atoms vom leichtesten Element Wasserstoff zu vergleichen.

> „Die nach ihrem Atomgewicht aufgereihten Elemente zeigen Periodizität in ihren Eigenschaften."
>
> Dmitri Mendelejew
> in einem Aufsatz für das *Journal of the Chemical Society* (London), 1889

Quecksilber

Magnesium

CHEMISCHE VISITENKARTE
Mendelejew legte für jedes Element eine Karte an, schrieb Symbol, Gewicht und physikalische Eigenschaften darauf und ordnete sie nach dem Atomgewicht – mit dem leichtesten, Wasserstoff, beginnend – in Reihen an. Dabei entstand ein Muster: Sich ähnlich verhaltende Elemente standen untereinander. Wenn ein Element nicht ins Muster passte, bestimmte er dessen Atomgewicht neu. Im März 1869 war das Periodensystem fertig.

Atomzahl — 11
Atomgewicht — 23
Na
Chemisches Symbol
Natrium
Name des Elements

Chemische Visitenkarte

Die Elemente in einer Spalte sind chemisch ähnlich.

Die horizontalen Reihen nennt man Perioden.

MENDELEJEWS PERIODENSYSTEM
Ein Chemie-Lehrbuch wäre unvollständig ohne eine Tafel mit dem periodischen System der Elemente in der aktuellen Fassung. Als Instrument zur schnellen Orientierung liefert eine solche Periodentabelle Basisinformationen über alle Elemente. Aufgereiht sind sie nach ihrem Atomgewicht, beginnend mit Wasserstoff (H) ganz oben links. Jedes Element hat eine Atomzahl. Mendelejew ordnete sie außerdem in Zeilen an, um Elemente mit ähnlichen Eigenschaften untereinanderstellen zu können. Mendelejews Periodensystem war zu seiner Zeit nicht das einzige, es ist aber insofern einzigartig, als sich mit seiner Hilfe noch unentdeckte Elemente voraussagen ließen, für die er an den richtigen Stellen auf der Tafel Lücken ließ.

Marie Curie

Maria Skłodowska kam 1891 nach Paris, um ein Universitätsstudium zu absolvieren, das ihr in ihrer Heimat Polen verweigert wurde. Sie heiratete den französischen Physikprofessor Pierre Curie, der ebenso idealistisch und entschlossen war wie sie. Ihre Geschichte handelt von geduldiger Arbeit, tragischen Rückschlägen und bemerkenswerten Leistungen. Fasziniert von den geheimnisvollen Strahlen, die gerade im Uran gefunden worden waren, entdeckten Marie und Pierre zwei weitere radioaktive Elemente – Polonium und Radium. Nach Pierres Tod bei einem Verkehrsunfall 1906 forschte Marie allein weiter, zog ihre beiden Töchter groß und meisterte die Schwierigkeiten einer Frau, die in einer Männerwelt arbeitet. Marie Curie war nicht nur die erste Frau, die den Nobelpreis gewann, sie war auch die erste Person, die mit zwei Nobelpreisen ausgezeichnet wurde.

MARIE CURIE (1867–1934)
Marie Curie, hier zu sehen bei der Arbeit im Labor, war eine weltberühmte Wissenschaftlerin. Sie erhielt viele Auszeichnungen und Ehrendoktorwürden und war die erste Professorin an der Sorbonne. Sie lebte Frauen ein außergewöhnliches Rollenmodell vor, regte sie zu einer eigenen Berufskarriere an und ermutigte sie, Wissenschaftlerinnen zu werden.

1867	Als Maria Skłodowska am 7. November in Warschau geboren.
1891	Zieht nach Frankreich, um in Paris Naturwissenschaften zu studieren.
1895	Heiratet den Physikprofessor Pierre Curie von der Pariser Universität Sorbonne.
1898	Sie entdecken zwei neue radioaktive Elemente – Polonium und Radium.
1903	Macht als erste Frau in Frankreich ihren Doktor. Erhält den Nobelpreis für Physik gemeinsam mit ihrem Mann und ihrem Lehrer Henri Becquerel.
1906	Pierre stirbt bei einem Verkehrsunfall. Marie übernimmt seine Position an der Sorbonne.
1911	Ausgezeichnet mit dem Nobelpreis für Chemie und damit die erste Person, die zwei Nobelpreise erhält.
1914	Wird Leiterin des Pariser Radium-Instituts. Organisiert den Einsatz von Röntgengeräten während des Ersten Weltkriegs.
1920	Gründet Curie-Stiftung zur Erforschung der Radioaktivität.
1921	Geht in den USA auf Spendentour. Besucht das Weiße Haus in Washington und erhält die Ehrendoktorwürde der Universität Yale.
1934	Stirbt am 4. Juli an Krebs.

EINE NEUE ART STRAHLEN
1895 machte der Deutsche Wilhelm Röntgen (1845–1923) die erste Röntgenaufnahme – von der Hand seiner Frau. Bei der Arbeit mit der Kathodenstrahlröhre (S. 44) waren ihm Strahlen aufgefallen, die durch Fleisch, aber nicht durch Knochen oder Metall dringen konnten. Später wurden sie nach ihm Röntgenstrahlen genannt. Es zeigte sich, dass sie aus der gleichen Art Wellen bestehen wie Licht (elektromagnetisch). Licht- und Röntgenstrahlen breiten sich wellenförmig aus, wobei Röntgenstrahlen kürzere Wellenlängen haben. Dadurch sind sie energiereicher und durchdringen weichere Substanzen.

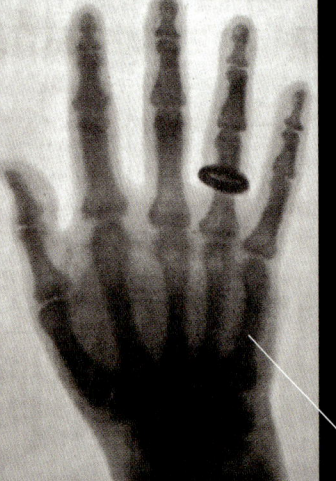

Knochen erscheinen dunkler, weil Röntgenstrahlen sie nicht durchdringen.

Frühe Röntgenaufnahme, 1896

RADIOAKTIVE STEINE
Einige Substanzen senden unsichtbare Strahlen und Partikel aus, die auch im Dunkeln fotografische Platten belichten. Der französische Physiker Henri Becquerel (1852–1908) entdeckte diese Wirkung 1896 bei der Arbeit mit Uransalzen. Seine Schülerin Marie Curie umschrieb den Vorgang der Energiefreisetzung bei Auflösung von Atomen in eine andere Form mit dem Begriff „Radioaktivität". Die meisten Atomkerne sind stabil. Sie besitzen stets dieselbe Anzahl Protonen (positiv geladene Teilchen) und Neutronen (Teilchen ohne Ladung). Instabile Kerne zerfallen und geben dabei Alpha-, Beta- und Gammastrahlen (Hochenergielicht) ab, bis sie ihre Radioaktivität verloren haben. Das kann Millionen Jahre dauern.

Uranhaltige Pechblende

RADIOAKTIVE NOTIZBÜCHER
Curies radioaktive Substanzen glühten in ihren Röhrchen wie „winzige Zauberlichter". Pierre und sie zeichneten ihre Beobachtungen in Notizbüchern auf. Obwohl sie an Müdigkeit, rissigen Fingern und Verbrennungen litten, waren sie sich der Gefahren, die die Strahlen für ihre Gesundheit darstellten, nicht bewusst. Marie und ihre Tochter starben schließlich an Krebs, der durch die Strahlung hervorgerufen worden war. Marie Curies Notizbücher in der Pariser Bibliothèque Nationale sind immer noch radioaktiv und tragen eine Gesundheitswarnung an diejenigen, die sie ansehen möchten.

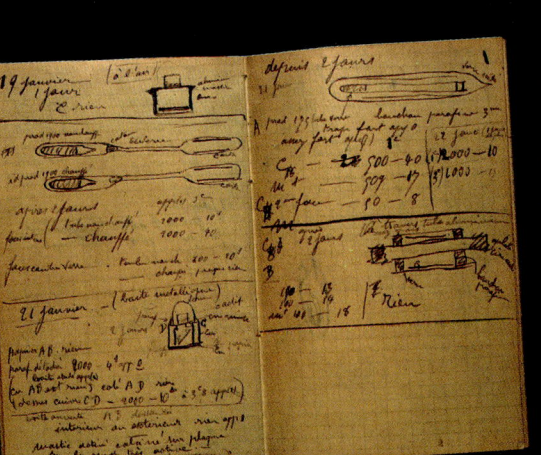

DIE SUCHE DER CURIES
1898 machte die Entdeckung von Polonium und Radium durch die Curies Schlagzeilen. Seite an Seite untersuchten sie geduldig große Mengen von Uranerz, Pechblende genannt, auf radioaktive Salze. Die Pechblende wurde in verschiedene Substanzen zerlegt, bis auf die reinen Kristalle. Sorgfältig vermaßen sie deren Eigenschaften. „In diesem dürftigen alten Schuppen verbrachten wir unsere besten und glücklichsten Jahre", schrieb Marie. „Wir widmeten den ganzen Tag der Arbeit …"

Durchgangsklemme verbindet mit Galvanometer.

Tür zum Verschließen der Kammer

Substanz wird auf Metallteller gelegt.

„Eine neue Welt eröffnete sich mir, die Welt der Wissenschaft."

Marie Curie
in ihren autobiografischen Notizen, 1923

IONISATIONSKAMMER
Die Curies benutzten diese empfindliche Ausrüstung, um den Grad der Radioaktivität verschiedener Substanzen zu testen. Die Kammer enthält zwei Metallteller. Zwischen ihnen erzeugt eine Energiequelle ein elektrisches Feld. Wenn man die radioaktive Substanz auf den unteren Metallteller legt, löst die Strahlung einige der Elektronen aus den Atomen und hinterlässt geladene Atome, die Ionen. Die Bewegung dieser Ionen kann mit einem Galvanometer gemessen werden. Das Gerät registriert elektrischen Strom.

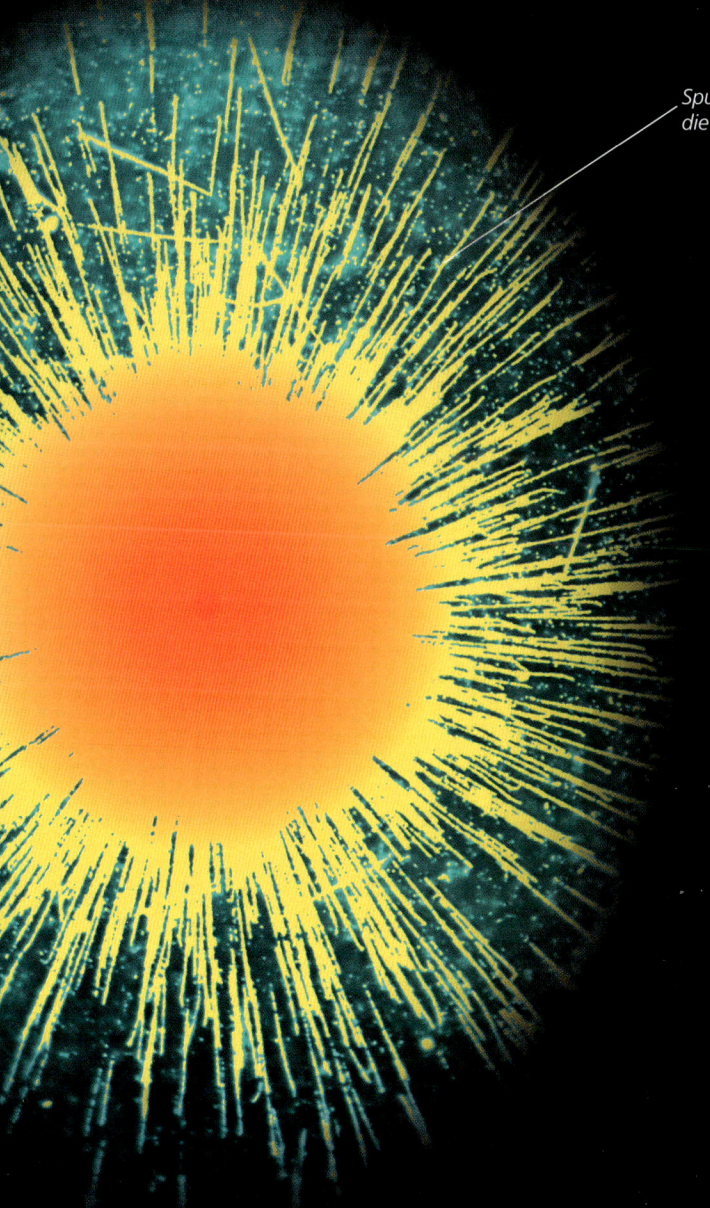

Spuren der radioaktiven Partikel, die Radium ausstrahlt

KRIEGSARBEIT
Die Curies waren der Ansicht, Wissen gehöre allen. Sie wollten von ihren Entdeckungen nicht profitieren. Während des Ersten Weltkriegs finanzierte Marie mit dem Geld, das sie für den Nobelpreis bekommen hatte, mobile Röntgen-Einheiten, liebevoll Petites (kleine) Curies genannt, und brachte eine selbst an die Front. Sie bildete Frauen aus, darunter ihre ältere Tochter Irène (im Bild mit Marie), sodass sie Röntgenaufnahmen von Verwundeten machen konnten. Die Curie-Stiftung, an deren Gründung Marie nach dem Krieg mitwirkte, leistete Pionierarbeit bei der Erforschung von Krebs und seiner Behandlung mit Radium.

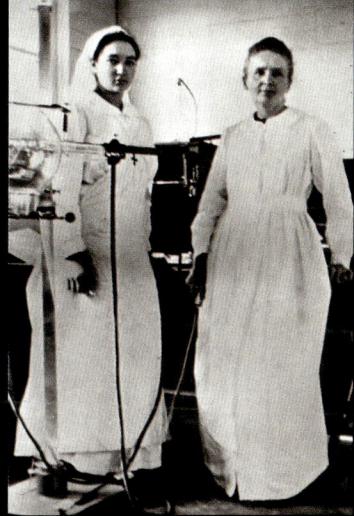

Marie Curie

Ernest Rutherford

Albert Einstein

Dramatisch gefärbtes Foto von Radiumsalz

SOLVAY-KONFERENZ
1911 wurde in Brüssel die erste Weltkonferenz für die revolutionäre Wissenschaft Physik veranstaltet. Neben Marie Curie nahmen auch Albert Einstein (S. 46–47) und Ernest Rutherford (S. 44–45) teil. Marie war die einzige Frau unter den Anwesenden. Für sie war es ein Jahr des Schreckens, da sie in der Presse wegen ihres Privatlebens heftig angegriffen wurde, und ein Jahr des Triumphs, da sie zum zweiten Mal einen Nobelpreis erhielt.

Ernest Rutherford

An einer Wand nahe dem alten Cavendish-Laboratorium der englischen Universität Cambridge findet sich von Eric Gill die Darstellung eines Krokodils, das an Ernest Rutherfords starke Persönlichkeit erinnern soll. 1895 verließ er seine Heimat Neuseeland und ging mit einem Forschungsstipendium nach Cambridge. Hatte er sich zuvor schon für Radiowellen interessiert, so ging er jetzt ganz in der Erforschung der Radioaktivität auf. Mit dem Chemiker Frederick Soddy (1877–1956) entdeckte er, dass Atome einiger Elemente in andere, leichtere Atome zerfallen, und bekam dafür 1908 den Nobelpreis. Er entwickelte Versuche, mit denen er den inneren Aufbau der Atome nachwies und die erste Kernreaktion erzeugte. Baron Rutherford of Nelson, wie er ab 1931 hieß, war die treibende Kraft auf dem Gebiet der Atomphysik.

BARON RUTHERFORD (1871–1937)
Wenn seine Versuche gelangen, marschierte Rutherford aus dem Labor und sang: „Vorwärts, christliche Streiter!" Er ging mit großer Begeisterung an die Arbeit. Seine Vorliebe galt einfachen Methoden mit eindrucksvollen Ergebnissen.

1871	Am 30. August geboren in Spring Grove bei Nelson (Neuseeland) als viertes von zwölf Kindern.
1894	Studienabschluss am Canterbury College in Christchurch.
1895	Als Erster, der dort nicht seinen Abschluss gemacht hat, wird er Forschungsstudent an der englischen Universität Cambridge.
1898	Berichtet über Alpha- und Beta-Strahlen in Uranstrahlung. Wird Physikprofessor an der McGill-Universität in Kanada.
1903	Aufnahme in die Royal Society.
1907	Professor für Physik an der Universität Manchester.
1908	Erhält den Chemie-Nobelpreis für seine Arbeit zur Radioaktivität.
1910	Beginnt mit der Erforschung des Atomaufbaus und verkündet 1911 die Entdeckung des Atomkerns.
1914	Ritterschlag. Arbeitet im Ersten Weltkrieg an der U-Boot-Erkennung.
1919	Wird Direktor des Cavendish-Laboratoriums. Löst die erste künstlich erzeugte Kernreaktion aus.
1920	Sagt Existenz der Neutronen voraus.
1925	Wird Präsident der Royal Society.
1931	Wird für zwei Jahre Präsident des Instituts für Physik.
1932	Kernspaltung durch John Cockcroft (1897–1967) und Ernest Walton (1903–1995).
1937	Stirbt am 19. Oktober in Cambridge. Beigesetzt in Westminster Abbey.

CAVENDISH-LABORATORIUM
Rutherfords Arbeitsraum in Cambridge 1926 sieht nicht aus wie ein modernes Hightech-Labor. Trotzdem wurden hier einige der größten Entdeckungen in der Atomwissenschaft gemacht. 1895 kam Rutherford als Forschungsstudent unter Professor J. J. Thomson (1856–1940) ans Cavendish-Laboratorium. 1919 kehrte er als Direktor zurück. Mit seiner Begeisterung steckte er jüngere Kollegen an, ermutigte und förderte sie.

Kathodenstrahl passiert Niederdruckgas.
Hochspannung zwischen Platten erzeugt elektrisches Feld.
Erwärmte Kathode (Negativpol) setzt Elektronen frei.
Elektronen passieren Schlitze (Positivpol).
Spulen erzeugen Magnetfeld.
Kathodenstrahlröhre
Messskala zur Winkelbestimmung des Strahls

DIE ENTDECKUNG SUBATOMARER TEILCHEN
Zwischen den Metallenden der Röhre fließen Kathodenstrahlen, die Elektronen (Teilchen mit negativer elektrischer Ladung) enthalten. Mithilfe der Röhre bewies Thomson 1897, dass Atome nicht die kleinsten Einheiten der Materie sind. Er maß, um wie viel ein Strahlenbündel in einem elektrischen Feld und dann in einem Magnetfeld zu einer Seite abgelenkt wird. Der Strahl bog sich zum Positivpol. Thomsons Folgerung: Der Strahl ist negativ, und die Teilchen sind kleiner und leichter als Atome.

DAS ERSTE ATOMMODELL

Thomson verwendete in seinen Versuchen verschiedene Gase und Metalle zur Erzeugung der Kathodenstrahlen. Er entdeckte, dass es in allen Arten von Materie Elektronen gibt. 1904 entwarf er dieses Atommodell. Es zeigt eine Anzahl von Elektronen mit negativer Ladung, die von einer Sphäre positiver Ladung zusammengehalten werden.

Elektron

Atomkerne von Goldfolie haben positive Ladung.

Die meisten Teilchen durchdringen Folie ungehindert.

Wenige Alpha-Teilchen treffen auf Atomkerne und prallen ab.

Einige Teilchen werden in einem bestimmten Winkel abgelenkt.

DEN KERN FINDEN

1911 veröffentlichte Rutherford Ergebnisse eines Versuchs an der McGill-Universität (Kanada). Mithilfe eines Dispergers wurden positiv geladene Alphateilchen auf Goldfolie geschossen. Die meisten gingen gerade hindurch, einige wurden in leichtem Winkel abgelenkt und sehr wenige prallten ab. Offenbar wurden sie von irgendeiner Kraft in den Goldatomen zurückgestoßen. Der Versuch zeigte, dass Atome aus einer überwiegend leeren Hülle bestehen. Im Zentrum gibt es aber einen Bereich mit positiver Ladung – den Kern.

Atomkern besteht aus Protonen (rot) und Neutronen (grün).

> „Es war beinahe so unglaublich, als wenn man mit einem 15-Zoll-Geschoss auf ein Stück Seidenpapier schießt und das Geschoss zurückkommt und einen selber trifft."
>
> Ernest Rutherford
> in der Beschreibung seines Goldfolienversuchs, 1909

Draht leitet Strom durch den Zylinder.

Teilchen durchdringen Fenster.

Anschluss

Kupferzylinder enthält Niederdruckgas.

Elektronen bewegen sich um Atomkern.

Schraubenklemme ist an Energiequelle angeschlossen.

IM INNERN DES ATOMS

Das Atommodell mit dem Kern aus Protonen und Neutronen, den Elektronen umkreisen, wurde nach und nach entwickelt. Der Däne Niels Bohr (1895–1962) postulierte, dass die Elektronen sich je nach Energieniveau in verschiedenen festen Bahnen bewegen. Er stützte sich dabei auf die Quantentheorie des Deutschen Max Planck (1858–1947), der damit die Physik revolutioniert hatte: Im atomaren Bereich sind Energie und andere Größen in Stufen eingeteilt, über Elektronen lassen sich nur Wahrscheinlichkeitsaussagen treffen.

GEIGERZÄHLER

Rutherford und der deutsche Physiker Hans Geiger (1882–1945) untersuchten an der Universität Manchester Strahlen, die von radioaktiver Materie ausgehen. Der Zähler ist eins von vielen Geräten, die Geiger entwickelte, um Strahlung zu messen. Wenn ein Alpha- oder Betateilchen das Fenster durchdringt, fließt Strom zwischen der Kupferummantelung und einem Draht in der gasgefüllten Mitte des Zylinders.

Experimentell entwickelter gasgekühlter Reaktor erzeugte Strom.

Brutreaktor erzeugte Brennstoff für Waffen.

Sellafield (England)

Kühlturm

Atomkern ist in zwei Teile gespalten.

DIE ATOMSPALTUNG

Als Rutherford Stickstoffatome mit Alphateilchen von Radium beschoss, um Protonen freizusetzen, wandelte er den Stickstoff in Sauerstoff um. Damit wurde zum ersten Mal durch Kernspaltung ein Element zu einem anderen. In den 1930er-Jahren entdeckten Physiker, dass man die schweren Kerne von radioaktiven Uranatomen, wie sie hier zu sehen sind, aufspalten kann und dabei riesige Energiemengen freigesetzt werden. Wenn sich der Kern in zwei kleinere Kerne spaltet, setzt er Neutronen frei, die in einer Kettenreaktion weitere Kerne treffen und spalten.

Neutronen entstehen durch Spaltung.

ATOMENERGIE

Die bei der Kernspaltung freigesetzte Energie wurde zuerst für die Herstellung von Atomwaffen genutzt. Nach dem Zweiten Weltkrieg baute man Reaktoren zur Stromerzeugung. Darin werden in Brennstäben befindliche Neutronen aufgespalten, die Hitze wird zur Dampferzeugung zum Antrieb von Turbinen genutzt. In Sellafield stehen zwei frühe Reaktortypen, beide inzwischen stillgelegt.

Albert Einstein

1879	Am 14. März in Ulm geboren.
1900	Abschluss des Studiums am Polytechnikum in Zürich (Schweiz) mit dem Lehrerexamen.
1902	Angestellter im Schweizer Patentamt in Bern. Seine 1905 veröffentlichten Aufsätze, u. a. zur speziellen Relativitätstheorie, legen die Basis für die moderne Physik. Stellt die berühmte Formel $E=mc^2$ auf.
1911	Professor an der deutschsprachigen Universität in Prag.
1912	Wird Professor für theoretische Physik in Zürich.
1914	Geht als Direktor des Kaiser-Wilhelm-Instituts und Professor für theoretische Physik nach Berlin.
1916	Die Allgemeine Relativitätstheorie erscheint. Wird 1919 durch Beobachtung einer Sonnenfinsternis bestätigt.
1921	Nobelpreis für seine Arbeiten zur Erklärung des Fotoeffekts.
1933	Wandert in die USA aus.
1945	Die erste Atombombe wird auf Hiroshima abgeworfen.
1955	Einstein stirbt am 18. April.

Nach dem Tod des deutschen Physikers Albert Einstein 1955 untersuchten Pathologen sein Gehirn. Anders als erwartet war es nicht größer als das eines Durchschnittsmenschen. Einstein war ein Mathematikgenie mit der einzigartigen Fähigkeit, sich die bestehenden physikalischen Gesetze anzusehen und auf revolutionäre Weise zu erweitern. Bis heute arbeiten Wissenschaftler an der Bestätigung seiner Thesen, die unser Verständnis des Universums von Grund auf verändert haben. Er wusste, welch ungeheure Energie im Atom steckt, und war dagegen, sie militärisch zu nutzen. Weil er aber fürchtete, die Nazis könnten die Atombombe entwickeln, unterstützte er im Zweiten Weltkrieg dennoch die Atomwaffenprogramme der gegen Deutschland kämpfenden Staaten.

ALBERT EINSTEIN (1879–1955)
Einstein streckt an seinem 72. Geburtstag den Fotografen die Zunge raus. Seine Theorien machten ihn zum Superstar, und auf den Weltreisen, die er mit seiner Frau unternahm, verfolgten ihn die Medien. Einstein konnte erst mit neun Jahren fließend sprechen und war ein schlechter Schüler. Als Erwachsener trat er nicht nur als brillanter Wissenschaftler hervor, er setzte sich auch für soziale Gerechtigkeit und den Weltfrieden ein.

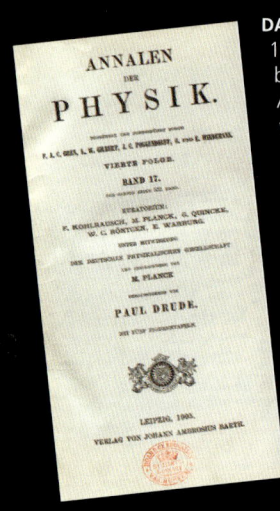

DAS JAHR DER WUNDER
1905 schrieb Einstein, damals Angestellter beim Patentamt in Bern, in seiner Freizeit Artikel und schickte sie an die führende wissenschaftliche Zeitschrift. Das Jahr wurde später als Einsteins *annus mirabilis* (Latein für „Jahr der Wunder") bezeichnet, denn die in den Artikeln aufgestellten Theorien bedeuteten eine Revolution für die Physik. Es ging u. a. um die spezielle Relativitätstheorie, durch die Begriffe wie Raum, Zeit, Licht und Materie eine ganz neue Bedeutung erhielten. Einstein drang damit in unerforschte Welten vor.

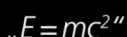

„$E=mc^2$"

Albert Einstein
in einem Aufsatz zur speziellen Relativitätstheorie
vom September 1905

EINSTEINS THEORIEN
Als theoretischer Physiker brauchte Einstein keine große technische Ausstattung. Seine Erkenntnisse drückte er in Gleichungen aus, die er an die Tafel oder auf die Rückseite eines Briefumschlags schrieb. In einer Gleichung wird mit Zahlen und Symbolen die Behauptung aufgestellt, dass zwei Dinge dasselbe sind. Einsteins berühmte Gleichung $E=mc^2$ bedeutet, dass die Energie eines Objekts dasselbe ist wie seine Masse, multipliziert mit der ins Quadrat gesetzten Lichtgeschwindigkeit.

Von Einstein während einer Vorlesung mit Formeln beschriebene Tafel, Dezember 1934

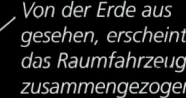

Von der Erde aus gesehen, erscheint das Raumfahrzeug zusammengezogen.

Vom Raumfahrzeug aus gesehen, erscheint die Erde zusammengezogen.

Standpunkt Erde   Standpunkt Raumfahrzeug

EINSTEINS SCHWERKRAFT

Beim Fallschirmspringer im freien Fall entspricht die Beschleunigung seines Falls der Anziehungskraft, die ihn zu Boden zieht. Wie ein Astronaut im Weltall hat er das Gefühl der Schwerelosigkeit. Einstein stellte diesen Zusammenhang, den er Äquivalenzprinzip nannte, fest und konnte damit seine allgemeine Relativitätstheorie vollenden. Newton (S. 22–23) sah die Anziehungskraft als zwischen zwei Objekten wirksame Kraft. Einstein erkannte, dass sie keine Kraft an sich ist, sondern ein Effekt, den Objekte wie die Sonne und die Planeten auf den Weltraum ausüben. Durch ihr gewaltiges Ausmaß krümmen sie den Raum und kommen einander näher – so wie jemand ein Trampolin ausbeult, wenn er darauf sitzt.

Ein Fallschirmspringer im freien Fall fühlt sich schwerelos.

DIE SPEZIELLE RELATVITÄTSTHEORIE

Isaac Newton (S. 22–23) hielt Raum und Zeit für feste Größen. Einstein erkannte, dass sie in einem Raum-Zeit-Kontinuum miteinander verknüpft sind, das mit der Masse und Energie eines Objekts zusammenhängt. Nichts ist schneller als Licht, das sich überall in der gleichen Geschwindigkeit ausbreitet. Die Messung von Zeit, Länge und Masse hängt jedoch davon ab, wo sich der Messende befindet und wie schnell er sich bewegt. Beim normalen Tempo auf der Erde sind die Unterschiede nicht nachweisbar. Wenn aber jemand von der Erde aus ein Raumfahrzeug beobachten könnte, das sich fast mit Lichtgeschwindigkeit bewegt, würde es kürzer erscheinen, seine Masse wäre größer, und die Uhren dort würden langsamer laufen. Umgekehrt würde die Besatzung des Raumfahrzeugs die Erde als zusammengezogen und von größerer Masse wahrnehmen.

UNGLAUBLICHE ENERGIE

Die USA und ihre Verbündeten im Krieg gegen Deutschland und Japan führten im Rahmen des sogenannten Manhattan Projects am 16. Juli 1945 in New Mexico (USA) den ersten Atombombentest durch. Mit einer kleinen Menge Plutonium erzeugten sie eine riesige Menge zerstörerischer Energie. Dabei kam Einsteins Gleichung $E=mc^2$ praktisch zum Einsatz. Sie besagt, dass Masse in Energie verwandelt werden kann und Energie in Masse. Die Kernspaltung (S. 45), bei der über eine Kettenreaktion die in einem Atom eingeschlossene Energie freigesetzt wird, ist ein Beispiel dafür.

Durch eine atomare Kettenreaktion werden Unmengen an Energie freigesetzt.

LISE MEITNER

Die jüdische Physikerin Lise Meitner (1878–1968) floh 1938, als Nazi-Deutschland ihre Heimat Österreich besetzte, nach Schweden. Sie war eine Pionierin der Kernspaltung und stellte fest, dass sie verheerende Explosionen auslösen kann. In den USA lebende Wissenschaftler aus Europa fürchteten, Hitler könne als Erster die Atombombe einsetzen. Als 1939 der Zweite Weltkrieg ausbrach, kam Einstein ihrer Bitte nach, dem amerikanischen Präsidenten Franklin D. Roosevelt einen Brief zu schreiben und ihn vor dieser Gefahr zu warnen.

Die Atombombe „Fat Man"

Bombe enthält kaum mehr als 1 kg Plutonium.

DAS MANHATTAN PROJECT

Im Rahmen des Manhattan Projects konstruierte ein internationales Physikerteam in einem Geheimlabor in Los Alamos (New Mexico, USA) im Zweiten Weltkrieg drei Atombomben. Die erste wurde zu Testzwecken gezündet, die zweite fiel auf die Stadt Hiroshima, um Japan zur Kapitulation zu zwingen und den Krieg zu beenden. Die dritte, „Fat Man", wurde am 9. August 1945 über Nagasaki abgeworfen und tötete 40 000 Menschen. Einstein, der Pazifist war, gehörte dem Team nicht an, distanzierte sich aber auch nicht davon.

Alfred Wegener

Die vielleicht bedeutendste Theorie über die Erde stammt nicht von einem Geologen, sondern von dem deutschen Meteorologen Alfred Wegener. 1915 präsentierte er seine Theorie der Kontinentalverschiebung, wonach die Landmassen der Erde einst gemeinsam den riesigen Superkontinent Pangäa bildeten und erst vor etwa 300 Millionen Jahren auseinandergebrochen sind. Viele Wissenschaftler machten sich über diese Idee lustig, doch in den 1960er-Jahren stellte sich heraus, dass sie richtig war. Die Vermessung des Bodens unter den Ozeanen und Erkenntnisse über den Erdmantel (die heiße Schicht, die den Erdkern umgibt) lieferten die Beweise. Wegeners Theorie wurde zur Plattentektonik weiterentwickelt, die Erdbeben und Vulkanausbrüche, aber auch die Entstehung von Gebirgen erklärt. Noch heute sind die Kontinente in Bewegung.

1880	Wegener wird am 1. November in Berlin geboren.
1904	Doktorexamen an der Universität Berlin.
1906	Forscht während einer Grönland-Expedition zum Klima in der Arktis.
1909	Beginnt, an der Universität Marburg zu lehren.
1910	Erkennt bei Betrachtung ihrer Küstenlinien, dass Südamerika und Afrika einmal zusammenhingen.
1911	Fossilienfunde stützen Theorie eines zusammenhängenden Kontinents.
1912	Theorie der Kontinentalverschiebung erstmals vorgestellt.
1914	Nach einer Verwundung im Ersten Weltkrieg aus der Armee entlassen.
1915	*Die Entstehung der Kontinente und Ozeane* erscheint. These: Kontinente waren früher eine einzige Landmasse.
1924	Wird Professor für Meteorologie und Geophysik an der Universität Graz (Österreich).
1930	Führt vierte Grönland-Expedition an und stirbt dort am 2. oder 3. November an Erfrierungen.

ALFRED WEGENER (1880–1930)
Wegener unternahm vier Grönland-Expeditionen. Die Feldforschung in der Arktis kostete ihn schließlich das Leben. Nachdem er Proviant in ein abgelegenes Camp gebracht und dort seinen Geburtstag gefeiert hatte, starb er auf dem Rückweg.

Ein Wetterballon wird ausgesetzt.

WETTERBALLONS
Wegener setzte als Erster Wetterballons ein, um die Luftbewegung nachzuverfolgen. 1906 unternahmen er und sein Bruder Kurt eine 52-stündige Fahrt mit dem Heißluftballon über Deutschland und stellten damit einen Rekord auf. 1930 ließen die Teilnehmer einer von Wegener geleiteten Grönland-Expedition einen Ballon fliegen, der die Lufttemperatur und -feuchtigkeit über dem Eis messen sollte.

UNTERWEGS MIT DEM HUNDESCHLITTEN
Einen schweren Schlitten übers Eis zu ziehen, ist echte Knochenarbeit, doch die Huskys sind zäh und erledigen sie im Team. Als die Propellerschlitten während Wegeners letzter Expedition im Tiefschnee versanken, brachte er auf von Huskys gezogenen Schlitten in einer 400 km langen Fahrt Proviant zu einer abgelegenen Station.

Dickes Fell schützt Hunde vor Kälte.

Huskys

Ladung durch Segeltuch und Seile geschützt — *Eispickel* — *Schneeschaufel*

Leichter Holzrahmen — *Zeltstangen*

Polarschlitten

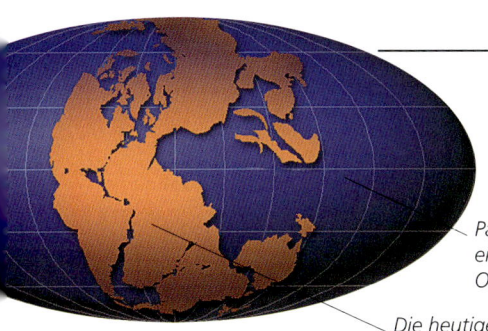

Vor 250 Mio. Jahren

Panthalassa, ein einziger Ozean

Die heutigen Kontinente bildeten eine einzige Landmasse, Pangäa.

Vor 145 Mio. Jahren

Die Kontinente treiben langsam auseinander.

Heute

Die Kontinente bewegen sich jedes Jahr ein paar Zentimeter.

KONTINENTE IN BEWEGUNG
Wegener stellte fest, dass die an den Atlantik grenzenden Küsten von Südamerika und Afrika perfekt ineinanderpassen. Trotz des riesigen Ozeans, der sich zwischen beiden Kontinenten erstreckt, entdeckte er Übereinstimmungen bei Fossilien und Gesteinsarten. 1915 fertigte er Karten an, um zu zeigen, dass die Erdteile einst in einer großen Landmasse vereinigt waren und über Jahrmillionen auseinandergetrieben sind.

TEKTONISCHE PLATTEN
Die Erdkruste besteht aus riesigen Teilen, den tektonischen Platten, die wie ein gigantisches Puzzle zusammenpassen. Über Jahrmillionen haben sie sich langsam über das heiße, weichere Gestein unter ihnen bewegt. Auf diesem Globus sind die Grenzen, an denen einige der größten Erdplatten zusammenstoßen, durch rote Linien eingezeichnet. Zwischen der Ostküste von Südamerika und der Westküste von Afrika hat sich der Meeresboden aufgespreizt und die beiden gewaltigen Kontinente auseinandergetrieben.

> *„Hier draußen gibt es Arbeit, die des Mannes wert ist."*
>
> Alfred Wegener über seine Forschungstätigkeit in der Arktis

ERKUNDUNG DER TIEFSEE
Der Bathyskaph *Trieste* ist ein Tauchboot für zwei Mann Besatzung. 1960 brachte es den Schweizer Entdecker Jacques Piccard (1922–2008) im Marianengraben, dem tiefsten Punkt des Meeres, bis auf knapp 11 000 m Tiefe. Dort, wo die Platten der Erdkruste aufeinandertreffen, gibt es Gräben. Unterwasserforscher entdeckten aber auch untermeerische Vulkane und Gebirge.

Durch Aufnahme von Wasser wird der Bathyskaph abgesenkt.

Die *Trieste* mit Schweizer Flagge

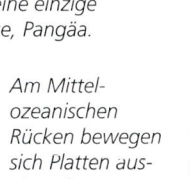

Am Mittelozeanischen Rücken bewegen sich Platten auseinander.

Vulkaninseln entstehen.

Ozeanische Kruste

Kontinentalkruste

Gebirgszug, an dem Platten aufeinandertreffen

AUFSPREIZUNG DES MEERESBODENS
Bei der Erkundung des Meeresbodens stellte man fest, dass das Gestein dort jünger ist als auf den Kontinenten. Neue Erdkruste bildet sich durch flüssiges, heißes Magma, das an den untermeerischen Gebirgszügen austritt. Es kühlt ab, wird hart und treibt älteres Gestein auseinander, sodass der Meeresboden sich verbreitert. Am Rand der Ozeane staut sich die Erdkruste, die Ozeanischen Platten schieben sich unter die Kontinentalplatten und die Energie entlädt sich in Vulkanen.

Heißes Magma tritt als Lava aus.

Plattengrenze

Ozeanische Kruste schiebt sich nach unten.

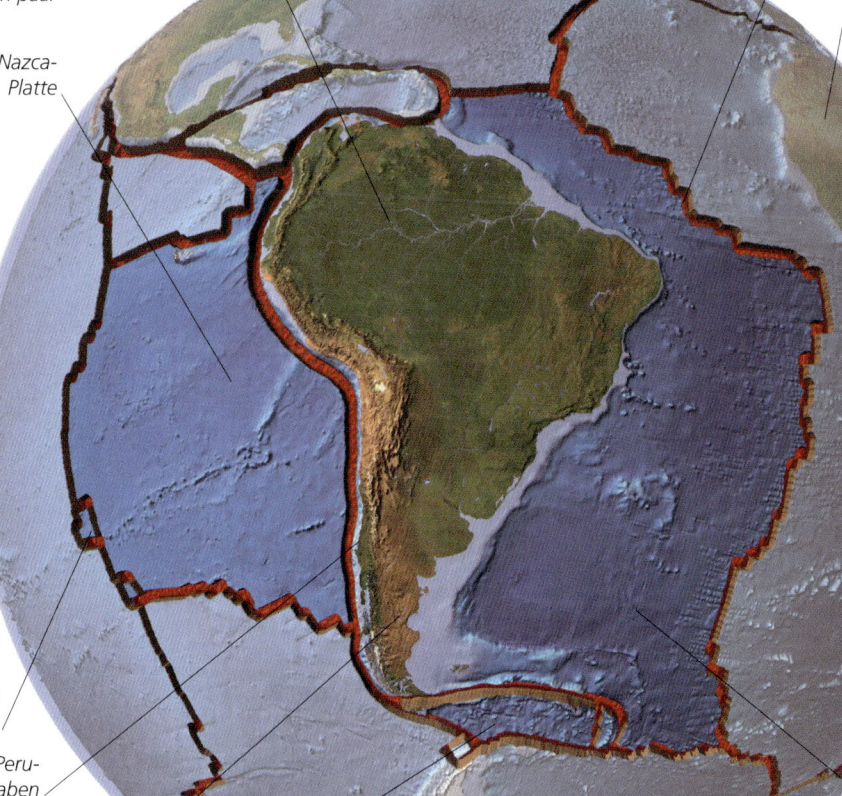

Südamerikanische Platte

Rote Linien zeigen Plattengrenzen an.

Mittelatlantischer Rücken

Afrikanische Platte

Nazca-Platte

Östliche Platte

Peru-Chile-Graben

Kontinentalteil der Südamerikanischen Platte

Scotia-Platte

Ozeanischer Teil der Südamerikanischen Platte

Edwin Hubble

Anfang des 20. Jahrhunderts wuchsen die Erkenntnisse über das Universum schlagartig. In dieser Zeit, in der Max Planck, Albert Einstein und andere neue, aufregende Vorstellungen über Physik entwickelten, entstanden auch neue Observatorien mit viel größeren und leistungsstärkeren Teleskopen. 1919 begann der Astronom Edwin Hubble, im Observatorium von Mount Wilson bei Los Angeles (USA) zu arbeiten. Er sah sich die veränderlichen Sterne im spiralförmigen Andromedanebel sehr genau an. Solche Nebel sind Sternansammlungen, die wie Wolkendunst aussehen. Nach zehn Jahren war er sich sicher, dass es außerhalb unserer Milchstraße weitere Sternsysteme gibt und dass unser Weltall sich in rapidem Tempo ausdehnt.

1889	Geboren am 20. November in Marshfield (Missouri, USA). Die Familie zieht später nach Chicago um.
1910	Abschluss des Mathematik- und Astronomiestudiums an der Universität Chicago mit dem Bachelor of Science. Geht als Rhodes-Stipendiat nach Oxford in England und studiert dort drei Jahre auf einen Master-Abschluss in Jura.
1917	Doktorarbeit am Yerkes-Observatorium in Chicago abgeschlossen.
1919	Nimmt Arbeit im Observatorium Mount Wilson bei Los Angeles auf. Dort steht seit Kurzem das 2,5-m-Hooker-Teleskop, das größte der Welt.
1924	Hubble gibt seine Entdeckung bekannt, dass es außer unserer Milchstraße weitere Galaxien gibt.
1929	Stellt die Behauptung auf, dass das Universum sich ausdehnt. Mit Milton Humason postuliert er den Hubble-Effekt, mit dessen Hilfe Astronomen das Alter des Universums bestimmen können.
1931	Albert Einstein besucht Hubble in Mount Wilson und gratuliert ihm zu seinen Forschungsergebnissen.
1942	Hubble dient im Zweiten Weltkrieg in der Armee und kehrt anschließend nach Mount Wilson zurück.
1953	Er stirbt am 28. September in San Marino (Kalifornien).

EDWIN HUBBLE (1889–1953)
Hubble war an der Entwicklung des leistungsstarken Spiegels für das Hale-Teleskop (5,1 m) am Observatorium Mount Palomar (Kalifornien, USA) beteiligt, das 1948 betriebsfertig war. Das Foto zeigt ihn darin sitzend. Benannt ist das Teleskop nach dem Astronomen George Hale (1868–1938), dem Gründer der Observatorien Yerkes (Wisconsin, USA) und Mount Wilson.

VERÄNDERLICHE STERNE

Die Astronomin Henrietta Swan Leavitt aus den USA (1868–1921) arbeitete als „Rechnerin" am Observatorium des Harvard College: Sie suchte Fotos nach Hinweisen auf veränderliche Sterne ab. 1912 spürte sie die Cepheiden auf, deren Helligkeit periodisch, d.h. in Zeitabständen, schwankt. Sie untersuchte die Perioden und entwickelte so eine Methode, um den Abstand der Cepheiden zur Erde zu messen – von großem Wert für Hubble und seine Kollegen.

Kern

Satellitengalaxie

ANDROMEDANEBEL
Als Hubble ein Job am Observatorium Mount Wilson angeboten wurde, griff er sofort zu, hatte es doch einen hervorragenden Ruf. Es stand auf 1742 m Höhe im San-Gabriel-Gebirge in Südkalifornien und beherbergte die beiden größten Teleskope der Welt. 1923 entdeckte er mit dem Hooker-Spiegel von 2,5 m Durchmesser einen Cepheiden, einen veränderlichen Stern in den spiralförmigen Ausläufern des Andromedanebels. Mit seiner Hilfe berechnete er, dass der Andromedanebel fast eine Million Lichtjahre entfernt war (heute ist er noch weiter weg). Hubble gelangte außerdem zu dem Schluss, dass der Andromedanebel keine Gaswolke ist, sondern eine Galaxie.

Das Hooker-Teleskop des Observatoriums Mount Wilson

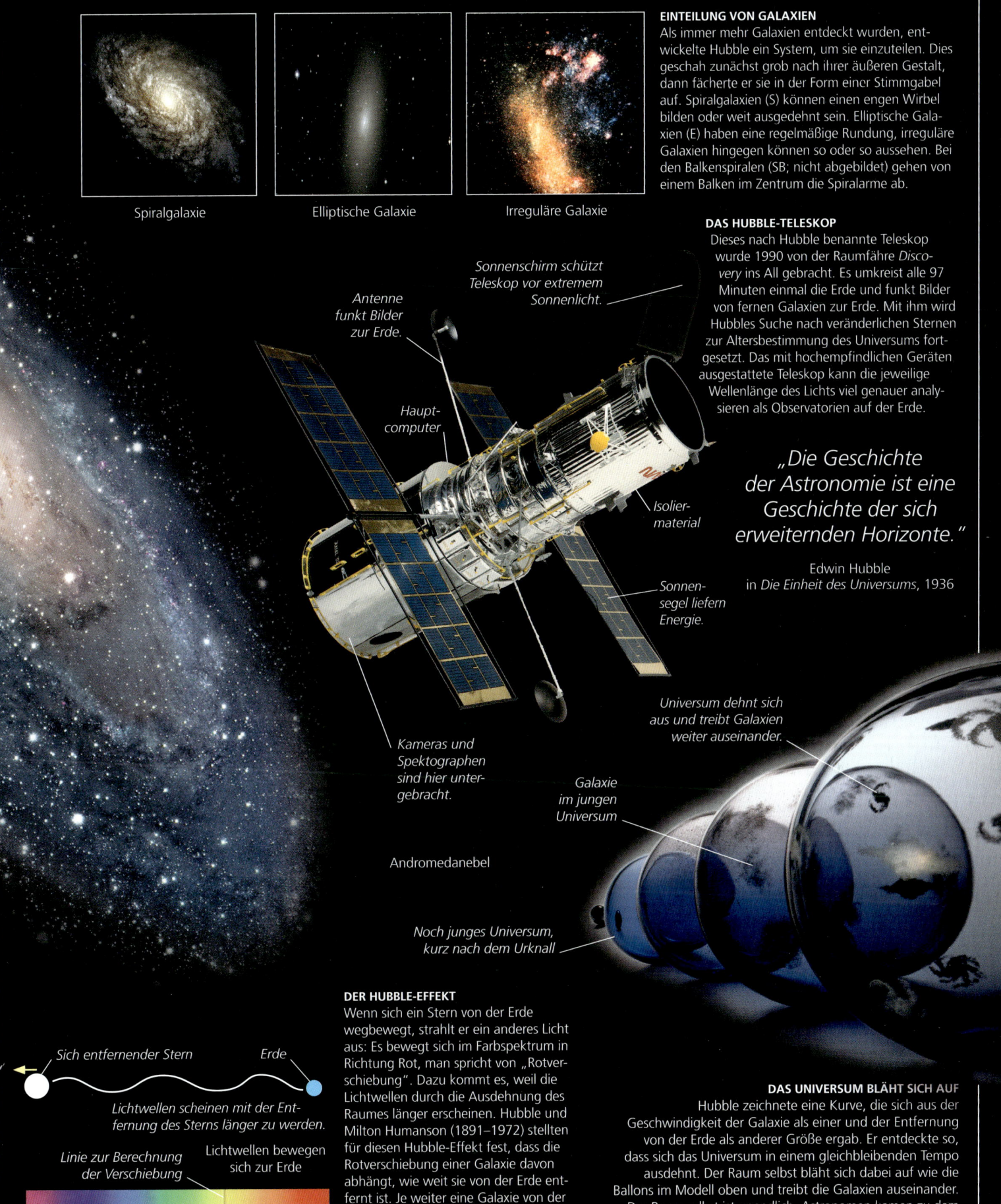

Spiralgalaxie Elliptische Galaxie Irreguläre Galaxie

EINTEILUNG VON GALAXIEN
Als immer mehr Galaxien entdeckt wurden, entwickelte Hubble ein System, um sie einzuteilen. Dies geschah zunächst grob nach ihrer äußeren Gestalt, dann fächerte er sie in der Form einer Stimmgabel auf. Spiralgalaxien (S) können einen engen Wirbel bilden oder weit ausgedehnt sein. Elliptische Galaxien (E) haben eine regelmäßige Rundung, irreguläre Galaxien hingegen können so oder so aussehen. Bei den Balkenspiralen (SB; nicht abgebildet) gehen von einem Balken im Zentrum die Spiralarme ab.

DAS HUBBLE-TELESKOP
Dieses nach Hubble benannte Teleskop wurde 1990 von der Raumfähre *Discovery* ins All gebracht. Es umkreist alle 97 Minuten einmal die Erde und funkt Bilder von fernen Galaxien zur Erde. Mit ihm wird Hubbles Suche nach veränderlichen Sternen zur Altersbestimmung des Universums fortgesetzt. Das mit hochempfindlichen Geräten ausgestattete Teleskop kann die jeweilige Wellenlänge des Lichts viel genauer analysieren als Observatorien auf der Erde.

Sonnenschirm schützt Teleskop vor extremem Sonnenlicht.

Antenne funkt Bilder zur Erde.

Hauptcomputer

Isoliermaterial

„Die Geschichte der Astronomie ist eine Geschichte der sich erweiternden Horizonte."

Edwin Hubble
in *Die Einheit des Universums*, 1936

Sonnensegel liefern Energie.

Kameras und Spektographen sind hier untergebracht.

Universum dehnt sich aus und treibt Galaxien weiter auseinander.

Galaxie im jungen Universum

Andromedanebel

Noch junges Universum, kurz nach dem Urknall

DER HUBBLE-EFFEKT
Wenn sich ein Stern von der Erde wegbewegt, strahlt er ein anderes Licht aus: Es bewegt sich im Farbspektrum in Richtung Rot, man spricht von „Rotverschiebung". Dazu kommt es, weil die Lichtwellen durch die Ausdehnung des Raumes länger erscheinen. Hubble und Milton Humanson (1891–1972) stellten für diesen Hubble-Effekt fest, dass die Rotverschiebung einer Galaxie davon abhängt, wie weit sie von der Erde entfernt ist. Je weiter eine Galaxie von der Erde weg ist, desto schneller entfernt sie sich auch von ihr.

DAS UNIVERSUM BLÄHT SICH AUF
Hubble zeichnete eine Kurve, die sich aus der Geschwindigkeit der Galaxie als einer und der Entfernung von der Erde als anderer Größe ergab. Er entdeckte so, dass sich das Universum in einem gleichbleibenden Tempo ausdehnt. Der Raum selbst bläht sich dabei auf wie die Ballons im Modell oben und treibt die Galaxien auseinander. Der Raum selbst ist unendlich. Astronomen kamen zu dem Schluss, dass diese Ausdehnung einmal angefangen haben muss – mit dem Urknall, wie dieses Ereignis genannt wird.

Sich entfernender Stern   Erde

Lichtwellen scheinen mit der Entfernung des Sterns länger zu werden.

Linie zur Berechnung der Verschiebung   Lichtwellen bewegen sich zur Erde

Das Lichtspektrum des Sterns mit Spektrallinien

Francis Crick und James Watson

DNA (Desoxyribonukleinsäure) ist heute ein gängiger Begriff. Anfang der 1950er-Jahre mühten sich Wissenschaftler, ihre Rolle in den Zellen lebender Organismen zu verstehen. Linus Pauling (1901–1994) in den USA und ein Team am King's College in London standen kurz vor der Lösung, doch dann kamen ihnen die Außenseiter Francis Crick und James Watson zuvor. Auf Informationen gestützt, bauten sie an großen Modellen herum, bis sie die Anordnung der Moleküle (kleine chemische Einheiten) bestimmt hatten. Ab dem 4. März 1953 konstruierten sie eine Spiralstruktur, eine Doppelhelix, am 7. März waren sie damit fertig, am 25. April veröffentlichten sie ihre Ergebnisse. Sie hatten das Geheimnis des Lebens entdeckt.

ERKENNTNISSE IM KLOSTERGARTEN
Der österreichische Mönch Gregor Mendel (1822–1884) führte Studien an Tausenden Erbsenpflanzen durch, um herauszufinden, wie Farbe und andere Merkmale vererbt werden. Er stellte fest, dass Lebewesen paarweise Erbfaktoren in sich tragen, die die Gestalt ihrer Nachkommen bestimmen. Später ließ sich seine Theorie mit den Genen erklären. Darwin glaubte, dass sich die Merkmale beider Elternteile in den Nachkommen mischen, doch Mendel zeigte, dass sie getrennt mal vom einen, mal vom anderen Elternteil vererbt werden.

Nucleotid (Einheit, bestehend aus Zucker, Phosphorsäurerest und Base)

EIN KOPIERCODE
Ein DNA-Molekül besteht aus zwei Strängen, die sich wie eine Wendeltreppe in einer Doppelhelix drehen. Der chemische Code der DNA bestimmt die Arbeit der Zellen und ihre Teilung. Bevor sich eine Zelle teilt, verdoppelt sich ihre DNA, sodass jede neue Zelle eine Kopie des Codes enthält. Erst lösen sich die beiden Stränge der „Leiter" voneinander, indem die Sprossenverbindungen aus Basenpaaren (T, A, C, G, siehe Legende) aufgespalten werden. Dann schließen sich die Basen der einzelnen Stränge mit den Basen eines jeweils neuen Strangs zusammen. Zwei identische Moleküle sind entstanden, eingepackt in Chromosomen. Jetzt kann sich die Zelle teilen.

Phosphorsäurerest (hellgrauer Abschnitt)

Basen sind an das Zucker-Phosphat-Rückgrat gebunden.

Modell eines Segments der DNA-Doppelhelix

Zellkern, enthält Chromosomen

Vor der Zellteilung teilt sich jedes Chromosom in zwei identische Teile.

Chromosomen sind nach der Teilung durch ein Zentromer miteinander verbunden.

Im Chromosom aufgerollte dünne DNA-Schnur

FRANCIS CRICK (1916–2004), LINKS, UND JAMES D. WATSON (geb. 1928)
Der Engländer Francis Crick und der junge Amerikaner James Watson haben offenbar Spaß daran, für dieses Foto mit ihrem Modell des DNA-Moleküls zu posieren. Sie beschrieben ihr erstes Zusammentreffen im September 1951 in Cambridge (England) als „Begegnung zweier Seelenverwandter" und bildeten im Cavendish-Laboratorium ein dynamisches Team. Eigentlich waren sie keine Experten, doch mit ihren ungewöhnlichen Methoden überflügelten sie die Spezialisten in der Genetik, der Abstammungslehre.

Farblegende
- Thymin (T)
- Adenin (A)
- Cytosin (C)
- Guanin (G)

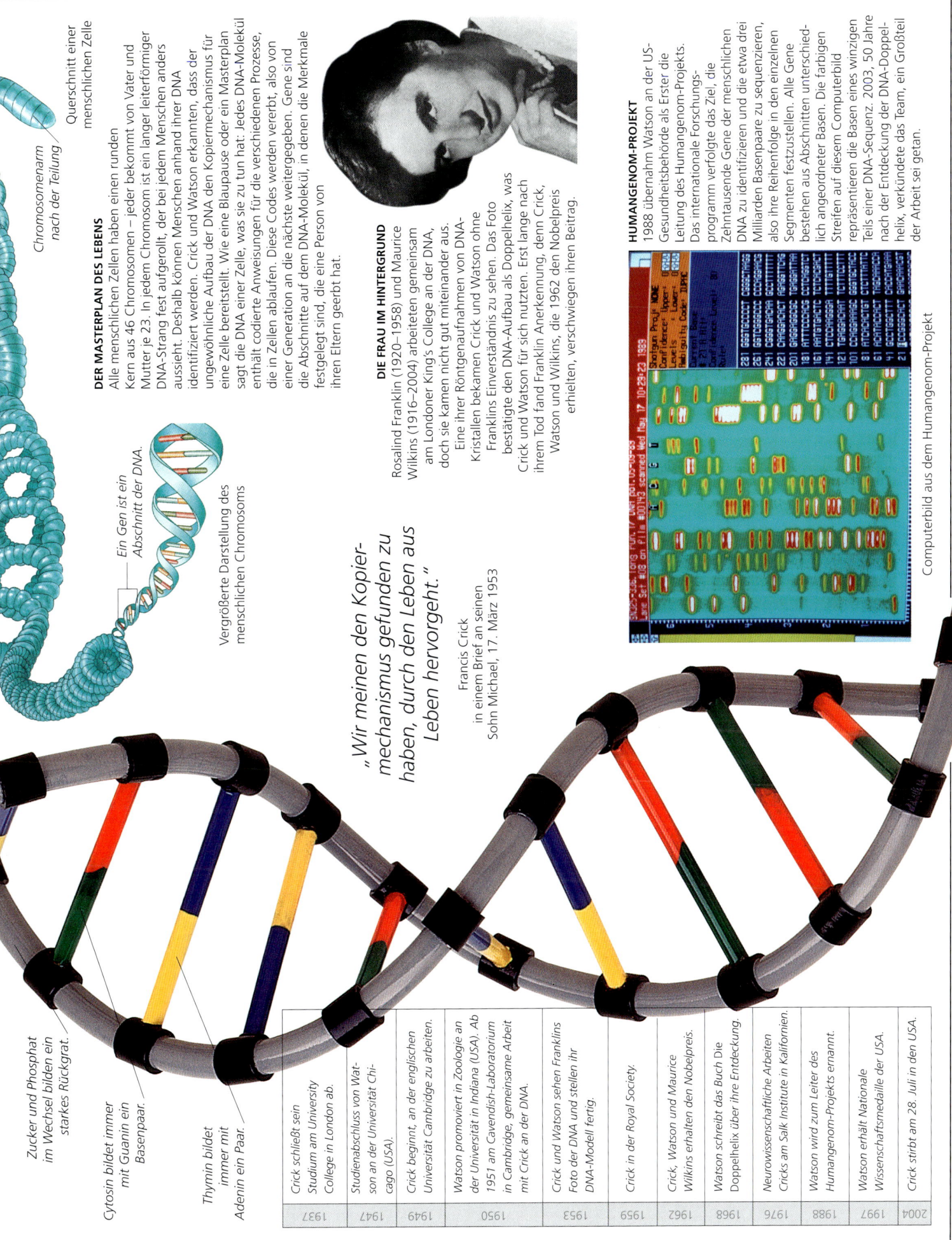

DER MASTERPLAN DES LEBENS

Alle menschlichen Zellen haben einen runden Kern aus 46 Chromosomen – jeder bekommt von Vater und Mutter je 23. In jedem Chromosom ist ein langer leiterförmiger DNA-Strang fest aufgerollt, der bei jedem Menschen anders aussieht. Deshalb können Menschen anhand ihrer DNA identifiziert werden. Crick und Watson erkannten, dass der ungewöhnliche Aufbau der DNA den Kopiermechanismus für eine Zelle bereitstellt. Wie eine Blaupause oder ein Masterplan sagt die DNA einer Zelle, was sie zu tun hat: Jedes DNA-Molekül enthält codierte Anweisungen für die verschiedenen Prozesse, die in Zellen ablaufen. Diese Codes werden vererbt, also von einer Generation an die nächste weitergegeben. Gene sind die Abschnitte auf dem DNA-Molekül, in denen die Merkmale festgelegt sind, die eine Person von ihren Eltern geerbt hat.

DIE FRAU IM HINTERGRUND

Rosalind Franklin (1920–1958) und Maurice Wilkins (1916–2004) arbeiteten gemeinsam am Londoner King's College an der DNA, doch sie kamen nicht gut miteinander aus. Eine ihrer Röntgenaufnahmen von DNA-Kristallen bekamen Crick und Watson ohne Franklins Einverständnis zu sehen. Das Foto bestätigte den DNA-Aufbau als Doppelhelix, was Crick und Watson für sich nutzten. Erst lange nach ihrem Tod fand Franklin Anerkennung, denn Crick, Watson und Wilkins, die 1962 den Nobelpreis erhielten, verschwiegen ihren Beitrag.

HUMANGENOM-PROJEKT

1988 übernahm Watson an der US-Gesundheitsbehörde als Erster die Leitung des Humangenom-Projekts. Das internationale Forschungsprogramm verfolgte das Ziel, die Zehntausende Gene der menschlichen DNA zu identifizieren und die etwa drei Milliarden Basenpaare zu sequenzieren, also ihre Reihenfolge in den einzelnen Segmenten festzustellen. Alle Gene bestehen aus Abschnitten unterschiedlich angeordneter Basen. Die farbigen Streifen auf diesem Computerbild repräsentieren die Basen eines winzigen Teils einer DNA-Sequenz. 2003, 50 Jahre nach der Entdeckung der DNA-Doppelhelix, verkündete das Team, ein Großteil der Arbeit sei getan.

Computerbild aus dem Humangenom-Projekt

Querschnitt einer menschlichen Zelle

Chromosomenarm nach der Teilung

Ein Gen ist ein Abschnitt der DNA.

Vergrößerte Darstellung des menschlichen Chromosoms

> „Wir meinen den Kopiermechanismus gefunden zu haben, durch den das Leben aus Leben hervorgeht."
>
> Francis Crick
> in einem Brief an seinen
> Sohn Michael, 17. März 1953

Zucker und Phosphat im Wechsel bilden ein starkes Rückgrat.

Cytosin bildet immer mit Guanin ein Basenpaar.

Thymin bildet immer mit Adenin ein Paar.

1937	Crick schließt sein Studium am University College in London ab.
1947	Studienabschluss von Watson an der Universität Chicago (USA).
1949	Crick beginnt, an der englischen Universität Cambridge zu arbeiten.
1950	Watson promoviert in Zoologie an der Universität in Indiana (USA). Ab 1951 am Cavendish-Laboratorium in Cambridge, gemeinsame Arbeit mit Crick an der DNA.
1953	Crick und Watson sehen Franklins Foto der DNA und stellen ihr DNA-Modell fertig.
1959	Crick in der Royal Society.
1962	Crick, Watson und Maurice Wilkins erhalten den Nobelpreis.
1968	Watson schreibt das Buch Die Doppelhelix über ihre Entdeckung.
1976	Neurowissenschaftliche Arbeiten Cricks am Salk Institute in Kalifornien.
1988	Watson wird zum Leiter des Humangenom-Projekts ernannt.
1997	Watson erhält Nationale Wissenschaftsmedaille der USA.
2004	Crick stirbt am 28. Juli in den USA.

Alan Turing

Im Zweiten Weltkrieg arbeiteten britische Codeknacker im Landhaus Bletchley Park nahe London an der Entschlüsselung geheimer Funksprüche des deutschen Militärs. Dem genialen Mathematiker Alan Turing gelang es, eine Maschine zu entwickeln, die den deutschen Enigma-Code knackte. Was das Rechnen – englisch: *computing* – betrifft, war er seiner Zeit voraus. Ihm schwebte ein Gerät vor, das flexibler als eine Rechenmaschine und dem Verstand ähnlicher war, sodass es ihm eine Vielzahl von Aufgaben abnehmen konnte. Nach dem Krieg war Turing unter anderem an der Entwicklung der Automated Computer Engine (ACE) beteiligt, des ersten britischen Elektronenrechners. Ende des 20. Jahrhunderts ist seine Vision Realität geworden: Mit dem modernen Computer haben wir eine intelligente Maschine, die uns in fast allen Aspekten des Lebens behilflich ist.

ALAN TURING (1912–1954)
Turing, den seine Kodeknacker-Kollegen „Professor" nannten, war ein humorvoller, harter Arbeiter und rund um den Globus aktiv. Sein Team in Hut Eight entzifferte Botschaften der deutschen Marine und konnte so viele britische Schiffe davor bewahren, von deutschen U-Booten versenkt zu werden.

1912	Geboren am 23. Juni in London, sein Vater gehörte dem indischen Staatsdienst an.
1934	Bachelor-Abschluss für Mathematik in Cambridge (England).
1936	Geht in die USA an die Universität Princeton. Veröffentlicht sein Gedankenmodell einer Turing-Maschine, die Programme lesen und ausführen kann.
1939	September: Einen Tag nach der britischen Kriegserklärung an Deutschland Arbeitsbeginn in Bletchley Park. Entwirft mit Gordon Welchman (1906–1985) die „Bombe".
1940	Entziffert Enigma, den Code der deutschen Marine.
1945	Verdienstorden für seine Arbeiten im Krieg. Tritt in das National Physical Laboratory in London ein.
1946	Stellt in einem Papier ersten Entwurf für Elektronenrechner vor.
1947	Geht an die Universität Manchester und arbeitet dort an einer Software für den Computer Mark I.
1950	Entwickelt den Turing-Test, der Maschinen auf die Fähigkeit prüft, eine intelligente Unterhaltung zu führen.
1951	Mitglied der Royal Society.
1954	Tod am 7. Juni nach Zyanid-Vergiftung, wohl Selbstmord.

EIN CODEKNACKER NAMENS „BOMBE"
Den Namen „Bombe" bekam dieser Codeknacker nach der polnischen Ursprungsversion, von der ein Teil krachend zu Boden fiel, wenn die Lösung gefunden war. Turings Version war 2,1 m breit, 2 m hoch und wog etwa 1 t. Sie suchte die sich in dem Codeknacker befindenden Walzen der Enigma-Maschine ab, um Schwachstellen im Code aufzudecken. Elektronische Signale brachten die Walzen in verschiedene Positionen.

DIE DEUTSCHE ENIGMA-MASCHINE
Diese kompakte Maschine verschlüsselte und entschlüsselte Botschaften des deutschen Militärs. Bei der Verschlüsselung wurden die Buchstaben elektronisch durcheinandergeworfen. Doch anhand kurzer, häufiger Wörter konnten britische Kodeknacker mit der „Bombe" Teile der Botschaften erraten. Kurz vor Kriegsende lieferten sich 2000 Operatoren an 200 „Bomben" einen Wettlauf mit der Enigma-Maschine, die täglich neu eingestellt wurde.

3. Strom wird von Walzen empfangen, die in zwei Umdrehungen jeden Buchstaben sechsmal verändern.

4. Lampenfeld empfängt Abschlusssignal, der codierte Buchstabe leuchtet auf.

Enigma-Walzen, auf Spindeln gesteckt

1. Eingetippter Buchstabe sendet Strom an Steckbrett.

2. Steckbrett empfängt Strom und verändert den Buchstaben einmal.

Holzkasten

Klappe schließen

GROSSE RECHNER

In den 1940er-Jahren arbeitete man in Großbritannien und den USA fieberhaft an der Entwicklung großer elektronischer Rechenmaschinen, die Informationen digital, also in Ziffern, verarbeiten sollten. 1946 wurde an der Universität von Pennsylvania (USA) der ENIAC fertiggestellt, ein 27 t schweres, 2,4 m hohes und 30,5 m langes Ungetüm mit 18 000 Vakuumröhren für den Stromkreislauf und 80 Ventilatoren. John Mauchly und J. Presper Eckert hatten es konstruiert, um die Flugbahn von Artilleriegeschossen zu berechnen. ENIAC stanzte die Berechnungen auf Karten, die dann in gedruckte Daten umgewandelt wurden.

Der Electronic Numerical Integrator and Calculator (ENIAC)

PIONIER-PROGRAMMIERERIN

Die amerikanische Konteradmiralin Grace Hopper (1906–1992) trat 1943 in die US-Marine ein und begann kurz darauf mit der Arbeit an der Rechenmaschine Mark I. Hopper lernte schnell, die Maschine zu programmieren. Sie schrieb eine Bedienungsanleitung, entwickelte eine der ersten Computersprachen ebenso wie Programme und Software, um die Benutzung der Computer zu vereinfachen.

Stützender Rahmen

Arbeit mit einem der ersten Transistoren

Block als Träger zweier spitzer Drähte

Germanium-Kristall

Nachbau des ersten funktionstüchtigen Transistors

DER ERSTE TRANSISTOR

Mit einem Transistor lässt sich elektrischer Strom steuern. Dieses frühe, 10 cm hohe Modell entwickelte 1947 das Team der US-amerikanischen Bell-Laboratorien. Es hatte vorher folgende Beobachtung gemacht: Wenn zwei elektrische Kontakte auf einem Kristall des Elements Germanium angebracht sind, verstärkt dies den hindurchgeleiteten Strom. Solch kleine Transistoren waren für die Konstruktion kleinerer Rechner unentbehrlich.

COMPUTER FÜR JEDEN

Microsoft-Gründer Bill Gates führt die Speicherkapazität einer CD vor, indem er sich neben einem Papierstapel von 330 000 Blatt abseilt. In den 1970er-Jahren war es dank des Mikroprozessors, eines elektronischen Bausteins, möglich, kompakte, billige und leicht bedienbare Computer zu bauen, z. B. den MITS Altair 8800. Als Gates und sein Schulfreund Paul Allen die Reklame für diesen Selbstbau-Kleincomputer sahen, erkannten sie, welche Zukunftschancen darin steckten. Um Software dafür herzustellen, gaben sie 1975 ihr Studium auf und gründeten Microsoft.

DAS INTERNET

Das Internet verbindet uns mit einem Informationsschatz, der Computerpioniere erstaunen würde. Tim Berners-Lee gründete das World Wide Web zunächst für das CERN-Labor für Teilchenphysik als Kommunikationsplattform für Wissenschaftler.

James Lovelock

Neuerdings beschäftigt sich die Wissenschaft mit der Erde als System, zu dem Biosphäre (die von Lebewesen besiedelten Schichten), Atmosphäre und geologische Erscheinungen gehören. Diese Betrachtung unseres Planeten als Einheit hat dem Umweltschützer James Lovelock viel zu verdanken. Lovelock war in der Medizin- und Weltraumforschung, als Meteorologe und Geologe tätig. Als begabter Erfinder entwarf er Instrumente zur Messung von Chemikalien in der Erdatmosphäre und zum Nachweis von Lebensspuren auf dem Mars. In den 1960er-Jahren entwickelte Lovelock seine Gaia-Theorie. Sie beschreibt die Erde als lebendigen Organismus, der sich selbst so reguliert, dass hier weiterhin Leben möglich ist. Benannt ist die Theorie nach der griechischen Erdgöttin Gaia.

JAMES LOVELOCK (geb. 1919)
Das Foto zeigt Lovelock an der Universität Houston (USA), wo er in den 1960er-Jahren im NASA-Laboratorium für Düsenantriebe arbeitete. Mit seinen Instrumenten konnten Daten gesammelt werden, die zu wichtigen Entdeckungen über die natürliche Umwelt beitrugen.

ELEKTRONENEINFANG-DETEKTOR
1957 entwarf Lovelock ein Gerät im Taschenformat, den Elektroneneinfang-Detektor (ECD), um auch geringste Mengen chemischer Verschmutzungen in Wasser, Boden und Luft aufzuspüren. Im Zuge eigener Forschungen wies er selbst in der Antarktis in Tieren und Pflanzen Verunreinigungen nach. In den 1970er-Jahren entdeckte man, dass Fluorchlorkohlenwasserstoffe (FCKW) die Ozonschicht der Erde zerstören können, die vor krebserregenden ultravioletten Strahlen schützt.

Rachel Carson

„Wir sollten das Herz und der Verstand der Erde sein, nicht ihre Krankheit."
James Lovelock
in der Zeitung *Independent*, 16. Januar 2006

Kaiserpinguin

Felder werden mit Pestiziden besprüht.

DER STUMME FRÜHLING
In den 1950er-Jahren war die Biologin Rachel Carson (1907–1964) über den Einsatz des Pestizids DDT so besorgt, dass sie vier Jahre dessen schädliche Wirkung dokumentierte. Dabei benutzte sie auch Lovelocks ECD. In ihrem Buch *Der stumme Frühling* von 1962 stellt sie überzeugend dar, wie Chemikalien in die Nahrungskette gelangen. 1972 wurde DDT in ihrer Heimat USA verboten.

1919	Lovelock wird am 26. Juli in Letchworth Garden City (England) geboren.
1941	Abschluss in Chemie an der Universität Manchester, arbeitet für den Medical Research Council. Wird 1948 Doktor der Medizin.
1954	Erhält ein Reisestipendium der Rockefeller-Stiftung.
1957	Erfindet den Elektroneneinfang-Detektor (ECD).
1961–1964	Entwickelt im Laboratorium für Düsenantriebe Geräte zur Analyse des Mondbodens und zum Nachweis von Leben auf dem Mars.
1964	Beginnt als freier Wissenschaftler und Buchautor zu arbeiten.
1970	Untersucht die Luft über der Westküste Irlands und entdeckt dabei FCKW. Setzt Forschungen dazu in der Antarktis fort.
1974	Mitglied der Royal Society in London.
1979	*Gaia: Unsere Erde wird überleben* erscheint im englischen Original und wird sofort zum modernen Klassiker.
1997	Mit dem japanischen Blauer-Planet-Preis ausgezeichnet.
2006	Lovelocks *Gaias Rache* erscheint, ein Alarmruf: Die Erde ist krank und in Gefahr.

SCHMELZENDE EISSCHICHT
Zwischen 1979 und 2003 durchgeführte Satellitenbeobachtungen des Nordpols zeigen, dass die Eisschicht in weiten Bereichen geschmolzen ist. Nach allgemeiner Auffassung hängt das mit der Erderwärmung zusammen: Die Durchschnittstemperatur der Atmosphäre hat sich erhöht. Lovelock gehörte zu den ersten Wissenschaftlern, die sich besorgt über die Auswirkungen menschlichen Handelns auf den Planeten zeigten. Seine Gaia-Theorie hat die Umweltschutzbewegung beflügelt.

Viking Lander 1 *gräbt Furchen, um Proben zu nehmen.*

KEIN LEBEN AUF DEM MARS
Am 20. Juli 1976 wurde von der Sonde *Viking Orbiter 1* ein Landeteil auf dem Mars abgesetzt, der *Viking Lander 1*. Mit einem Greifarm grub er den Boden um und suchte nach Hinweisen auf Leben. Lovelock war nicht erstaunt, als das Gerät nichts fand. Er hatte durch Analyse der Mars-Atmosphäre bereits erkannt, dass sie für lebende Organismen zu unwirtlich ist.

Erste Satellitenaufnahme der Erde

Marssonde *Viking Orbiter 1*

Marsoberfläche

DER LEBENDE PLANET
„Der erste Anblick der Erde als blau-weiß gefleckte Kugel erfüllte uns mit Staunen und Freude", schrieb Lovelock über das Foto oben aus dem Jahr 1967. Im Unterschied zum Mars scheinen auf der Erde Atmosphäre, Land, Meere und Lebewesen miteinander in Wechselwirkung zu stehen und so Bedingungen aufrechtzuerhalten, die Leben ermöglichen. Zusammen mit der amerikanischen Mikrobiologin Lynn Margulis (geb.1938) entwickelte er die Gaia-Theorie. Sie beschreibt die Erde als einen einzigen biologischen Organismus.

DER TREIBHAUSEFFEKT
Die Atmosphäre rund um die Erde besteht aus einer Mischung von Gasen wie Stickstoff, Kohlendioxid, Wasserdampf und Sauerstoff. Einige der Gase stauen die Sonnenhitze – das ist der Treibhauseffekt. Die Luftverschmutzung durch Industrie, Landwirtschaft, Verkehr und Heizung hat zusätzliches Kohlendioxid erzeugt. Dadurch hat sich der Treibhauseffekt verändert: Die Temperatur steigt stärker, man warnt vor den Gefahren des Klimawandels.

Mit der Zunahme der Treibhausgase entweicht weniger Hitze von der Erde.

Es kommt zu einer globalen Erwärmung.

Die Erde gibt noch mehr Hitze ab.

Die Treibhausgase in der Atmosphäre absorbieren die Hitze und lenken sie wieder zur Erde.

Etwas Hitze entweicht von der Erde.

Die oberen Schichten der Atmosphäre enthalten Treibhausgase.

Die erwärmte Erde gibt Hitze ab, die aufsteigt.

Die Atmosphäre reflektiert einen Teil der Sonnenhitze ins All zurück.

Sonnenhitze tritt in die Atmosphäre ein und erwärmt die Erde.

NICHT EINER MEINUNG
Umweltschützer protestieren in Cherbourg (Frankreich) gegen die Atomkraft, doch Lovelock teilt ihre Ansichten nicht. Er ist davon überzeugt, dass der Weltenergieverbrauch die Erde in große Gefahr gebracht hat und dass die Atomkraft die Rettung sein kann. Damit hat er viele Anhänger der „grünen Bewegung" brüskiert.

DOROTHY CROWFOOT HODGKIN (1910–1994)
Dieses Foto entstand in den 1940er-Jahren, als Dorothy Hodgkin über Penicillin arbeitete, eine Aufgabe, der sie viele Jahre nachging. Sie verbrachte Stunden über Stunden am Labortisch. Hodgkin hatte eine herzliche Ausstrahlung und war bei den Studenten sehr beliebt.

Dorothy Hodgkin

Als der englische Bildhauer Henry Moore 1965 Dorothy Hodgkin kennenlernte, war er von ihren Händen so fasziniert, dass er sie zeichnete. Obwohl sie von schwerem Gelenkrheumatismus betroffen waren, hantierte Hodgkin jahrelang geschickt mit winzigen Kristallen. In den 1930er-Jahren, zu Beginn ihrer Laufbahn als Chemikerin, war die Kristallografie, die Lehre von der Anordnung der Atome in Kristallen, eine neue Wissenschaft. Hodgkin übte sich in einer Technik zur Analyse von Kristallen wichtiger biologischer Materialien unter Einsatz von Röntgenstrahlen. 1964 erhielt sie als dritte Frau den Nobelpreis für Chemie. Hodgkin war eine überzeugte Sozialistin und Pazifistin und unterstützte mit großem Engagement Wissenschaftler rund um den Globus.

Spodumen

IM INNERN VON KRISTALLEN
Ein Kristall ist ein fester Körper aus Atomen oder Molekülen. Anders als bei Gasen und Flüssigkeiten sind Gestalt und Volumen festgelegt. Die Bausteine der Kristalle sind regelmäßig angeordnet, wobei Ionen sich zu dreidimensionalen Formen verbinden. Die hier abgebildeten Mineralien kommen in natürlichem Gestein vor. Hodgkin mochte Kristalle schon als Kind und hatte eine Ausrüstung, um die Steine aus dem Bach im Garten ihres Elternhauses in Khartum (Sudan) zu untersuchen.

Azurit und Malachit

Almandin-Granat

Rosenquarz

Chrysoberyll

Strahlenmuster lässt auf die Atomstruktur des Kristalls schließen.

„Mein Leben lang war ich von Chemie und Kristallen gefangen genommen."

Dorothy Hodgkin
Dorothy Hodgkin: A Life, Georgina Ferry 1998

Röntgenaufnahme eines Kupfersulfat-Kristalls

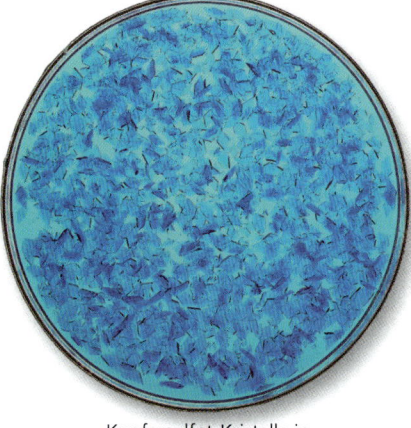
Kupfersulfat-Kristalle in einer flachen Schale

Aus Messingrohr gefertigte Kamera

Bernals Röntgen-Diffraktionskamera, 1920er-Jahre

Zifferblatt hält und bewegt Kristall.

ABPRALLENDE STRAHLEN
Die Atomstruktur eines Kristalls wurde erstmals 1912 von dem deutschen Physiker Max von Laue (1879–1960) in einer Röntgenaufnahme kenntlich gemacht. Er schickte Strahlen aus unterschiedlichen Winkeln auf ein einziges Kupfersulfat-Kristall. Sie prallten an den Atomen im Innern ab und „streuten". Hodgkins wissenschaftlicher Lehrer John Bernal konstruierte aus einfachen Gegenständen, u. a. ein Wecker, eine Diffraktions- oder Beugungskamera. Er und Hodgkin stellten als Erste Beugungsmuster von Kristallen aus biologischem Material her.

PENICILLIN

Der Schimmelpilz *Penicillium* (hier tausendfach vergrößert) befällt oft Brot. 1928 bemerkte der Schotte Alexander Fleming, dass sich mit ihm das Bakterienwachstum stoppen lässt. Seit den 1940er-Jahren wird Penicillin als Antibiotikum eingesetzt, d. h., es werden von Bakterien verursachte Krankheiten damit behandelt. Bevor dies möglich war, musste seine chemische Struktur erkannt werden. Für Hodgkin wurden Penicillin-Kristalle aus den USA nach Oxford eingeflogen. Penicillin war das größte je analysierte Molekül.

Aus dem Fruchtkörper hervorgegangene Spore

Sporentragender Pilzfaden (Hyphe)

Fruchtkörper des Schimmelpilzes *Penicillium*

1910	Geboren am 12. Mai in Kairo (Ägypten), Vater Archäologe, Mutter Expertin für Kunst und Textilien.
1921	Geht nach England und besucht die Sir John Leman School in Suffolk.
1928	Tritt ins Frauen-College Somerville in Oxford ein, studiert Physik und Chemie. Verbringt viertes Jahr mit Kristallografie.
1937	Promotion in Cambridge. Heiratet Thomas Hodgkin, einen Experten für afrikanische Geschichte.
1942	Nimmt im Rahmen eines amerikanisch-britischen Programms Forschungen zum Penicillin auf.
1947	Nach Veröffentlichung des Penicillinaufbaus Aufnahme in die Royal Society.
1953	Bei den Wissenschaftlern für Frieden aktiv. Daher wird ihr das Einreisevisum in die USA verweigert.
1964	Erhält den Nobelpreis für Chemie für Vitamin-B_{12}-Aufbau.
1965	Bekommt britischen Verdienstorden, der dem Monarchen und 24 weiteren Personen vorbehalten ist.
1969	Strukturmodell des Insulins abgeschlossen, Hormon wichtig zur Behandlung von Diabetes.
1970	Wird Kanzlerin der Universität Bristol (England).
1976	Erhält die hochangesehene Copley-Medaille der Royal Society.
1994	Stirbt am 29. Juli in Shipston-on-Stour (England) nach Schlaganfall.

LEBENSWICHTIGES VITAMIN

Vitamine sind Substanzen, die Körperprozesse mitsteuern. Vitamin B_{12} ist in Fleisch und Eiern und wird nur in geringen Mengen gebraucht. Sein Mangel kann allerdings die Perniziöse Anämie auslösen, eine schwere Krankheit, die rote Blutkörper befällt und zu Müdigkeit, Kopfschmerzen und Nervenschäden führt. Forscher entdeckten Vitamin B_{12} in roher Leber und isolierten es in Form roter Kristalle, die sie Hodgkin und ihrem Team übergaben. Es dauerte sieben Jahre, bis das Muster von Atomen und den verbindenden Elementen, den chemischen Bindungen, entschlüsselt war, aus denen ein Molekül des Vitamins besteht. Erst nach Abschluss der Arbeit 1956 konnten Wissenschaftler versuchen, das Vitamin nachzubauen. Dieses Modell beruht auf Daten aus der Röntgenstrukturanalyse.

Modell des Vitamins B_{12}, gefertigt für die Weltausstellung in Brüssel 1958

Plakat des Festivals of Britain, 1951 (Künstler: Robin Day)

EINE FEIER DER MOLEKÜLE

Während des Zweiten Weltkriegs gewann man rasch neue Erkenntnisse über Atome und die Röntgenanalyse. 1951 feierten die Briten das Festival of Britain, eine Wissenschafts- und Kulturausstellung, die in der Zeit des Wiederaufbaus nach dem Krieg den Optimismus in der Bevölkerung fördern sollte. Neue Entwicklungen in der Forschung wurden hier besonders hervorgehoben, und Hodgkins Modelle aus Kugeln und Stäben für Teile des Insulins wurden als Tapeten- und Stoffmuster gefeiert.

Musterentwürfe auf der Basis von Insulinmolekülen (von der Festival Design Group, 1940er-Jahre)

Moderne Insulinspritze

Für jede Injektion wird eine neue Nadel verwendet.

Insulinpatrone

DURCHBRUCH BEIM INSULIN

Insulin ist ein Hormon, das den Blutzucker reguliert. Insulinmangel führt zur Krankheit Diabetes – zur Behandlung wird es künstlich zugeführt. Um seine Wirkungsweise im Körper zu verstehen, brauchte man ein vollständiges Modell seiner Kristallstruktur. 1969, nach 35 Jahren, hatte Hodgkin es fertiggestellt.

Richard Feynman

RICHARD FEYNMAN (1918–1988)
Feynman war ein brillanter, geistreicher Wissenschaftler. Er besaß die Gabe, Sachverhalte verständlich auf den Punkt zu bringen, und beflügelte damit andere. Seinen Forschungsbereich nannte er „Seltsame Theorie von Licht und Materie". Der Nobelpreisträger, bekannte Autor und Dozent machte gern Witze, knackte Schlösser und spielte Bongos.

In den 1970er-Jahren war das Familienauto der Feynmans ein gelbes Wohnmobil, das mit seltsamen Zeichnungen bedeckt war und das Nummernschild „Quantum" trug. Das Forschungsgebiet des Physikers Richard Feynman war die Quantenelektrodynamik. Sie untersucht, wie Teilchen und winzige Energiepäckchen (Quanten) im Atom aufeinander einwirken und dabei elektromagnetische Strahlung erzeugen. Feynmans Diagramme stellen die Beziehungen zwischen diesen Teilchen dar.

1918	Geboren am 11. Mai in Far Rockaway (New York) als Sohn russisch-jüdischer Immigranten.
1939	Bachelor in Mathematik am Massachusetts Institute of Technology (MIT). Interessiert sich für Theoretische Physik und Quantenmechanik (Verhalten subatomarer Teilchen).
1942	Promoviert in Princeton, wo er an einem Atombombenprojekt arbeitet. Einstein besucht Feynmans erstes Seminar.
1943	Mitarbeiter am Manhattan-Projekt zum Bau der Atombombe.
1945	Professor für Theoretische Physik an der Cornell Universität.
1950	Wechsel zum California Institute of Technology.
1965	Erhält den Nobelpreis für Physik zusammen mit Julian Schwinger (1918–1994) und Sin-Itiro Tomonaga (1906–1979).
1985	Veröffentlicht den Bestseller Sie belieben wohl zu scherzen, Mr. Feynman.
1986	Mitglied der Untersuchungskommission zum Challenger-Unglück.
1988	Stirbt am 15. Februar an Magenkrebs.

Zweites Elektron absorbiert Photon und übernimmt dessen Impuls.
Zwei Elektronen kollidieren und erzeugen Photon.
Ein Elektron trifft auf Photon und prallt ab.
Photon erzeugt neue Teilchen.
Photon durch Elektronen ausgetauscht

Diagramme zur Wechselwirkung von Teilchen

„Alle wissenschaftliche Erkenntnis ist ungewiss. Diese Erfahrung von Zweifel und Ungewissheit ist wichtig."

Richard Feynman
Was soll das alles?, veröffentlicht 1998

FEYNMANS DIAGRAMME
Ein Beispiel für Diagramme, die die Wechselwirkung subatomarer Teilchen darstellen. Jede Linie symbolisiert ein Teilchen. Das rechte Diagramm könnte ein Elektron (gerade Linien) bei A darstellen, das durch Austausch eines Photons (Schlangenlinie) ein Elektron bei B aus einem Atom schubst. Das linke Diagramm zeigt Elektronen, die sich bei A gegenseitig zerstören, dabei ein Photon erzeugen und bei B als eine neue Form von Materie wieder auftauchen.

CHALLENGER-UNGLÜCK
Am 28. Januar 1986 startete die Raumfähre *Challenger* vom Kennedy Space Center in Florida und explodierte Sekunden später. Alle sieben Astronauten an Bord waren sofort tot. Feynman gehörte zu dem Expertenteam, das die Unglücksursache untersuchte. Bei einem improvisierten Versuch deckte er auf, dass Dichtungen, sogenannte O-Ringe, an der Trägerrakete versagt hatten. Bei einer Inspektion vor dem Start hatte man deren Brüchigkeit entdeckt. Feynman warf der NASA vor, sie spiele russisches Roulette mit dem Leben der Astronauten, wenn sie bei der Sicherheit spare.

Elektrische Funken vom Teilchenstrahl

BESCHLEUNIGTE TEILCHEN
Im Atom bewegen sich winzige subatomare Teilchen sowohl im Atomkern als auch um ihn herum. Teilchenphysiker wie Feynman untersuchen ihre Wechselwirkung. In Spezialkammern werden die Atome völlig zertrümmert und subatomare Teilchen herausgelöst. Riesige elektrische Funken zucken durch den Teilchenbeschleuniger in Albuquerque (New Mexico), wenn ein Teilchenstrahl mit Trillionen Watt Leistung sein kleines Ziel aus Gold und anderen Elementen trifft und Teilchen aus den Atomen heraustrennt.

Stephen Hawking

STEPHEN HAWKING (geb. 1942)
Als Hawking 21 war, wurde bei ihm eine Erkrankung des motorischen Nervensystems diagnostiziert, die zu Muskellähmungen führt. Um zu kommunizieren, bedient er mit einem Wangenmuskel einen Computer, der Signale in Sprache umwandelt.

Die zerbrechliche Gestalt Stephen Hawkings in seinem Rollstuhl ist zum Symbol für den Triumph eines hochintelligenten Geistes über die Materie geworden. Trotz seiner Krankheit machte er eine außergewöhnliche Karriere als Astrophysiker und wissenschaftlicher Vermittler. Er entwarf großartige Ideen über Schwarze Löcher und die Entstehung des Universums. Sein Buch *Eine kurze Geschichte der Zeit* hielt sich über vier Jahre auf den Bestsellerlisten. Er hält öffentliche Vorträge, kommentiert aktuelle Ereignisse und trat sogar in *Star Trek* und bei den *Simpsons* auf.

1942	Geboren am 8. Januar in Oxford.
1962	Bachelor am University College/Oxford mit Schwerpunkt Physik. Wechselt zur Trinity Hall/Cambridge, um Kosmologie zu studieren.
1963	Unheilbare Nervenkrankheit ALS
1965	Beginnt mit der Arbeit über Singularitäten (entartete Punkte im Raum-Zeit-Kontinuum) in Allgemeiner Relativitätstheorie.
1966	Mitglied des Gonville and Caius College in Cambridge.
1970	Zeigt, dass Schwarze Löcher Strahlung aussenden können.
1974	Als einer der Jüngsten in die Royal Society aufgenommen.
1977	Wird Professor für Gravitationsphysik in Cambridge, 1979 Berufung zum „Lucasian Professor" für Mathematik.
1988	Sein Buch *Eine kurze Geschichte der Zeit* erscheint.
2006	Erhält die angesehene Copley-Medaille der Royal Society.

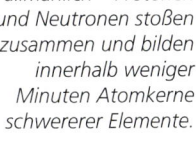

Erste Galaxien bilden sich.

Ausdehnung des Universums wird langsamer.

Fast 400 000 Elektronen verbinden sich mit Atomkernen zu schwereren Atomen.

Die Temperatur sinkt allmählich – Protonen und Neutronen stoßen zusammen und bilden innerhalb weniger Minuten Atomkerne schwererer Elemente.

Im Bruchteil einer Sekunde erscheinen Protonen und Neutronen.

Das Universum dehnt sich bei mehreren Trillionen Grad Celsius in Form von Teilchen und Antiteilchen aus, die einander auslöschen.

Vor etwa 14 Milliarden Jahren entsteht aus einer Singularität das Universum, winzig, dicht, heiß und voller Energie.

URKNALLTHEORIE
Die Theorie versucht zu erklären, wie das Universum entstanden ist. Hawking sah sich mit anderen Physikern Einsteins Allgemeine Relativitätstheorie an und berechnete, dass Zeit, Raum, Masse und Energie einen gemeinsamen Anfang gehabt haben müssen. Aus einem winzigen dichten Energiepunkt (einer Singularität) trat das Universum hervor und dehnte sich binnen Sekunden aus. Als die Temperatur abkühlte, entstanden Materieteilchen. Daraus bildeten sich Atome, aus den Atomen bildeten sich Elemente und Galaxien entstanden.

SCHWARZE LÖCHER
Gas und Staub werden in eine glühende Spirale aus Materie rund um ein Schwarzes Loch gesaugt. Ein Schwarzes Loch ist ein kleiner und unvorstellbar dichter Körper, der durch die Explosion eines gewaltigen Sterns entstanden ist. Seine Anziehungskraft ist so stark, dass Licht nicht daraus hervortreten kann. Bis 1974 glaubten Wissenschaftler, dass alles, was in ein Schwarzes Loch gerät, zerstört werde. Dann zeigte Hawking, dass Schwarze Löcher Energie in Form von Teilchen abstrahlen.

Schwarzes Loch, umgeben von einer Gasscheibe aus wirbelnder Materie

WETTE UM SCHWARZES LOCH
2004 gestand Hawking seine Niederlage in der berühmten Wette mit dem Amerikaner John Preskill ein. 1974 hatte Hawking verfochten, dass keine Spur zurückbleibt, wenn das Schwarze Loch etwas aufsaugt. Jetzt räumt er ein, dass Informationen über das Objekt ins Universum zurückschwappen. Wettpreis war eine Baseball-Enzyklopädie.

Wissenschaft und Zukunft

Wer werden die großen Wissenschaftler der Zukunft sein? Heute umfasst die Naturwissenschaft viele verschiedene Bereiche, wobei Forschergruppen an Spezialthemen arbeiten und Technologien einsetzen, über die ihre Kollegen vor einem Jahrhundert nur gestaunt hätten. In den kommenden Jahren werden Wissenschaftler intensiv nach Lösungen für die Probleme der Welt suchen: Klimawandel, Hunger und Krankheit. Wissenschaftliche Erkenntnisse sind das Ergebnis der Bemühungen ganzer Generationen von Forschern, die jeweils auf den Ideen ihrer Vorgänger aufbauen. Aber es besteht auch die Möglichkeit, dass ein Einzelner wie Einstein, Max Planck oder Newton eine außergewöhnliche Entdeckung macht.

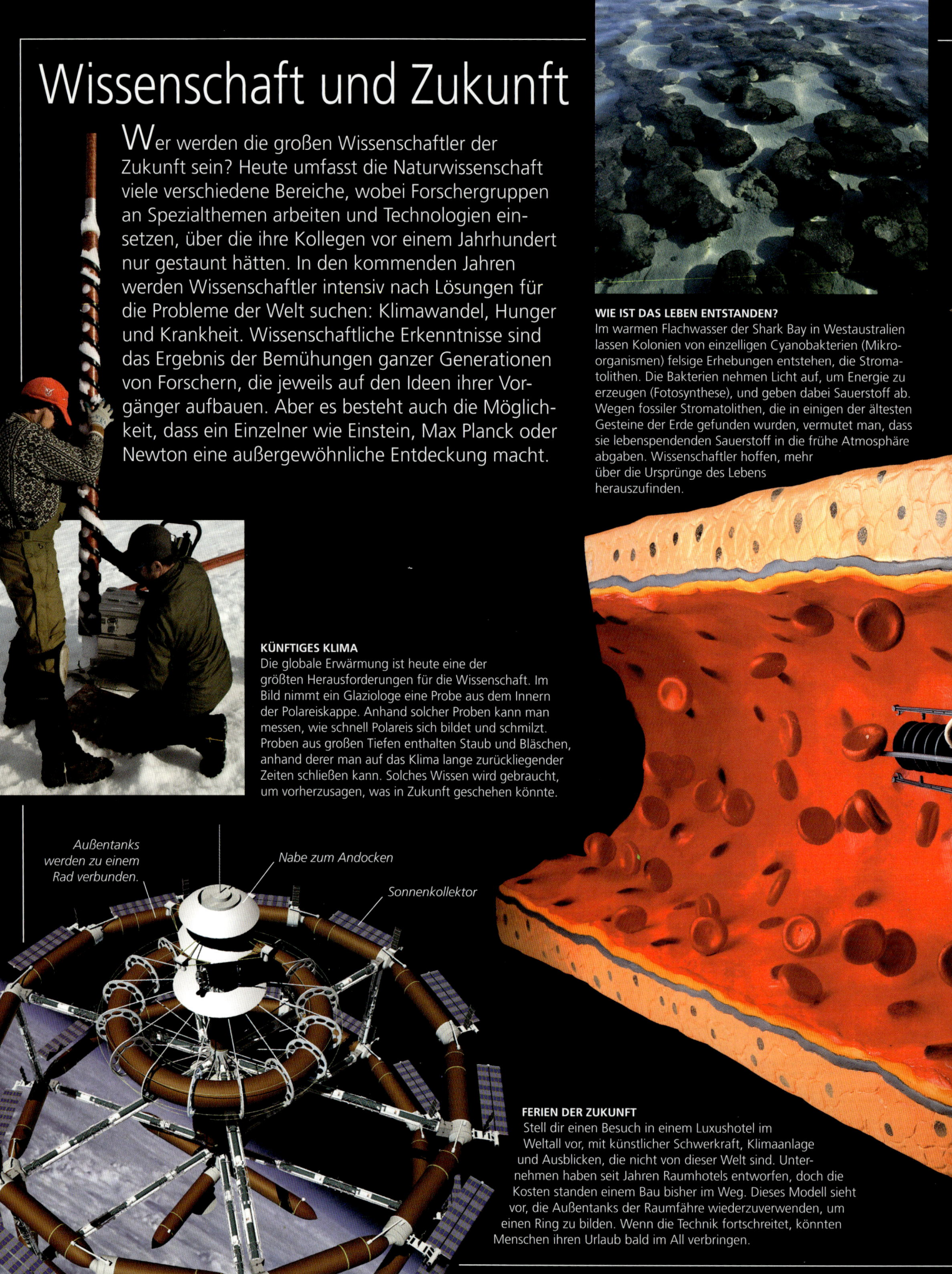

WIE IST DAS LEBEN ENTSTANDEN?
Im warmen Flachwasser der Shark Bay in Westaustralien lassen Kolonien von einzelligen Cyanobakterien (Mikroorganismen) felsige Erhebungen entstehen, die Stromatolithen. Die Bakterien nehmen Licht auf, um Energie zu erzeugen (Fotosynthese), und geben dabei Sauerstoff ab. Wegen fossiler Stromatolithen, die in einigen der ältesten Gesteine der Erde gefunden wurden, vermutet man, dass sie lebenspendenden Sauerstoff in die frühe Atmosphäre abgaben. Wissenschaftler hoffen, mehr über die Ursprünge des Lebens herauszufinden.

KÜNFTIGES KLIMA
Die globale Erwärmung ist heute eine der größten Herausforderungen für die Wissenschaft. Im Bild nimmt ein Glaziologe eine Probe aus dem Innern der Polareiskappe. Anhand solcher Proben kann man messen, wie schnell Polareis sich bildet und schmilzt. Proben aus großen Tiefen enthalten Staub und Bläschen, anhand derer man auf das Klima lange zurückliegender Zeiten schließen kann. Solches Wissen wird gebraucht, um vorherzusagen, was in Zukunft geschehen könnte.

Außentanks werden zu einem Rad verbunden.
Nabe zum Andocken
Sonnenkollektor

FERIEN DER ZUKUNFT
Stell dir einen Besuch in einem Luxushotel im Weltall vor, mit künstlicher Schwerkraft, Klimaanlage und Ausblicken, die nicht von dieser Welt sind. Unternehmen haben seit Jahren Raumhotels entworfen, doch die Kosten standen einem Bau bisher im Weg. Dieses Modell sieht vor, die Außentanks der Raumfähre wiederzuverwenden, um einen Ring zu bilden. Wenn die Technik fortschreitet, könnten Menschen ihren Urlaub bald im All verbringen.

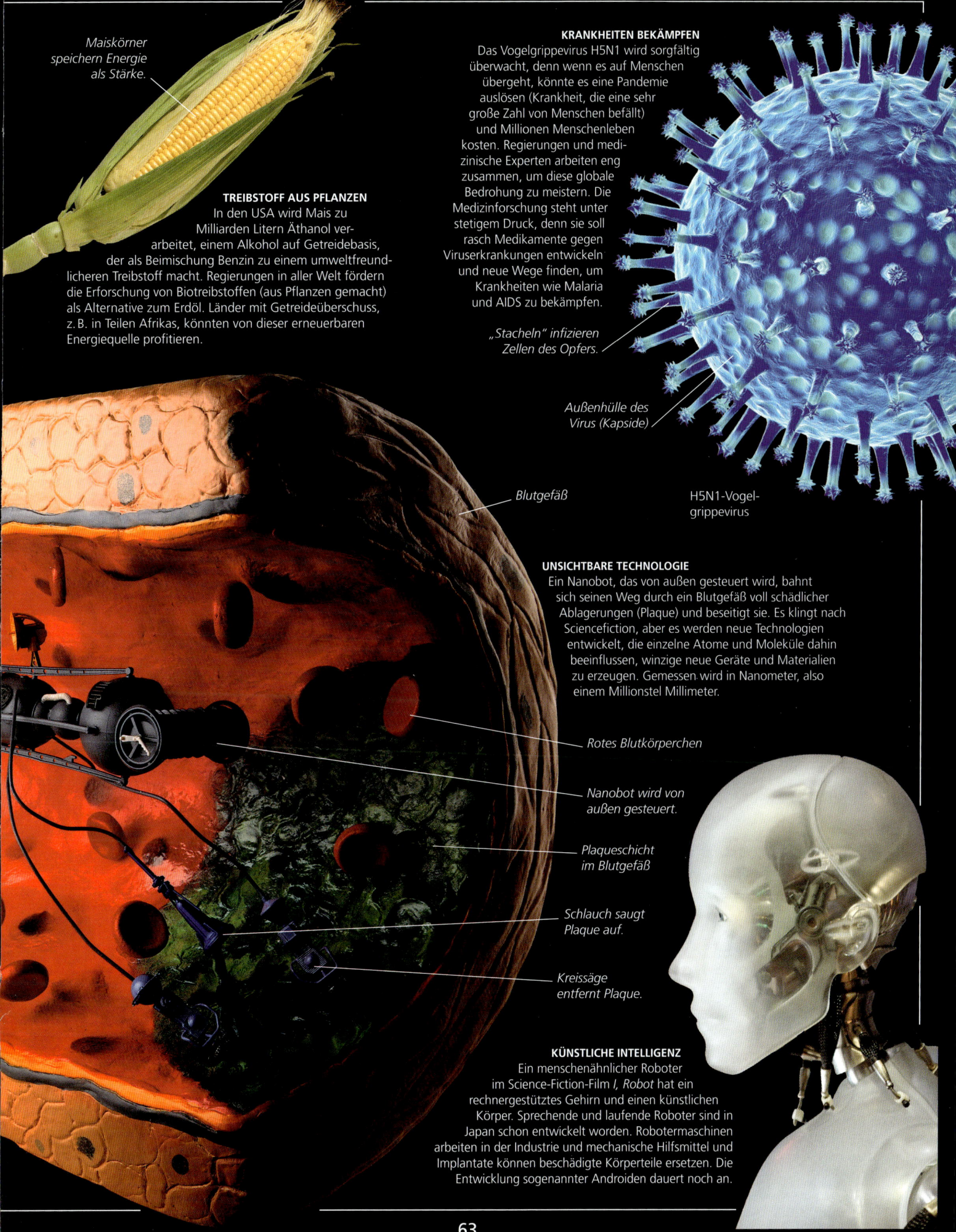

Maiskörner speichern Energie als Stärke.

TREIBSTOFF AUS PFLANZEN
In den USA wird Mais zu Milliarden Litern Äthanol verarbeitet, einem Alkohol auf Getreidebasis, der als Beimischung Benzin zu einem umweltfreundlicheren Treibstoff macht. Regierungen in aller Welt fördern die Erforschung von Biotreibstoffen (aus Pflanzen gemacht) als Alternative zum Erdöl. Länder mit Getreideüberschuss, z. B. in Teilen Afrikas, könnten von dieser erneuerbaren Energiequelle profitieren.

KRANKHEITEN BEKÄMPFEN
Das Vogelgrippevirus H5N1 wird sorgfältig überwacht, denn wenn es auf Menschen übergeht, könnte es eine Pandemie auslösen (Krankheit, die eine sehr große Zahl von Menschen befällt) und Millionen Menschenleben kosten. Regierungen und medizinische Experten arbeiten eng zusammen, um diese globale Bedrohung zu meistern. Die Medizinforschung steht unter stetigem Druck, denn sie soll rasch Medikamente gegen Viruserkrankungen entwickeln und neue Wege finden, um Krankheiten wie Malaria und AIDS zu bekämpfen.

„Stacheln" infizieren Zellen des Opfers.

Außenhülle des Virus (Kapside)

Blutgefäß

H5N1-Vogelgrippevirus

UNSICHTBARE TECHNOLOGIE
Ein Nanobot, das von außen gesteuert wird, bahnt sich seinen Weg durch ein Blutgefäß voll schädlicher Ablagerungen (Plaque) und beseitigt sie. Es klingt nach Sciencefiction, aber es werden neue Technologien entwickelt, die einzelne Atome und Moleküle dahin beeinflussen, winzige neue Geräte und Materialien zu erzeugen. Gemessen wird in Nanometer, also einem Millionstel Millimeter.

Rotes Blutkörperchen

Nanobot wird von außen gesteuert.

Plaqueschicht im Blutgefäß

Schlauch saugt Plaque auf.

Kreissäge entfernt Plaque.

KÜNSTLICHE INTELLIGENZ
Ein menschenähnlicher Roboter im Science-Fiction-Film *I, Robot* hat ein rechnergestütztes Gehirn und einen künstlichen Körper. Sprechende und laufende Roboter sind in Japan schon entwickelt worden. Robotermaschinen arbeiten in der Industrie und mechanische Hilfsmittel und Implantate können beschädigte Körperteile ersetzen. Die Entwicklung sogenannter Androiden dauert noch an.

Chronik

Zu den grundsätzlichen Ansprüchen der Wissenschaft zählt es, herauszufinden, wie das Universum funktioniert. In diesem Sinn ist Wissenschaft ein altes, humanistisches Kulturgut. Bereits unsere Vorfahren versuchten, die Welt zu erklären, wenn auch mit den bescheidenen Mitteln der Religion, Spiritualität oder Magie. Seit diesen Versuchen wurden bemerkenswerte Fortschritte gemacht. In dieser Chronik werden wichtige Erfindungen und Entdeckungen kurz vorgestellt.

Astrolabium (550 n. Chr.)

781 v. Chr. Chinesische Astronomen beschreiben erstmals eine Sonnenfinsternis auf wissenschaftlicher Grundlage.

470–370 v. Chr. Der griechische Philosoph Demokrit stellt eine Theorie vor, in der er behauptet, dass alle Dinge aus kleinsten Teilchen bestehen würden, die er Atome nennt.

384–322 v. Chr. Der griechische Philosoph Aristoteles erklärt die exakte Beobachtung und die daraus zu ziehenden Schlüsse als Eckpfeiler wissenschaftlichen Arbeitens.

300 v. Chr. Der griechische Mathematiker Euklid fasst in seinem Buch *Die Elemente* das Wissen der damaligen Mathematik zusammen und widmet sich der Konstruktion geometrischer Objekte.

287 v. Chr. Der sizilianische Mathematiker Archimedes entdeckt das Prinzip des Auftriebs, das nach ihm Archimedisches Prinzip genannt wird.

250 v. Chr. Der griechische Mathematiker Eratosthenes errechnet erstmals den Umfang der Erde.

132 n. Chr. Der chinesische Astronom und Mathematiker Zhang Heng erfindet den Seismometer zur Erfassung von Erdbeben.

550 Arabische Astronomen entwickeln das Astrolabium zur Winkelmessung am Himmel, um die Sternenposition zu bestimmen.

965–1040 Der persische Philosoph Alhazen macht grundlegende Aussagen zur Physik (besonders Optik), Mathematik und Medizin.

1267 Der englische Franziskaner-Mönch Roger Bacon legt in seinem Buch *Opus Majus* seine Überlegungen zur Physik, Mathematik, Grammatik und Philosophie dar.

1543 Der polnische Astronom Nikolaus Kopernikus veröffentlicht seine Theorie, dass die Sonne im Zentrum des Sonnensystems steht.
Der flämische Anatom Andreas Vesalius gibt ein Buch mit genauen detailreichen Zeichnungen vom menschlichen Körper heraus.

1595 Der holländische Optiker Zacharias Janssen und sein Vater Hans bauen das erste kompakte Mikroskop mit mehr als einer Linse.

1600 Der englische Physiker William Gilbert stellt fest, dass die Erde wie ein riesiger Magnet funktioniert.

1604 Der italienische Mathematiker Galileo Galilei formuliert die Fallgesetze, die besagen, dass alle Körper, ungeachtet ihrer Größe, mit gleicher Geschwindigkeit fallen.

1608 Der holländische Optiker Hans Lippershey lässt sich ein Patent auf ein Linsenteleskop ausstellen, das keine Spiegel enthält.

1609 Der deutsche Astronom Johannes Kepler stellt die ersten beiden „Keplerschen Planetengesetze" vor, das dritte folgt 1619.

1616 Der englische Physiker William Harvey stellt seine Ideen zum Blutkreislauf vor.

1644 Der italienische Physiker Evangelista Torricelli erfindet das Quecksilberbarometer zur Messung des Luftdrucks.

1662 Der irische Chemiker Robert Boyle entdeckt den Zusammenhang von Druck und Volumen in Gasen (Boyle-Mariotte-Gesetz).

1674 Der holländische Naturforscher Antonis van Leeuwenhoek beobachtet erstmals rote Blutkörperchen und Mikroorganismen unter dem Mikroskop.

1678 Der englische Erfinder und Architekt Robert Hooke beschreibt den Zusammenhang von Spannung und Dehnung im Hookeschen Gesetz (elastische Verformung).

1680 Der englische Astronom Edmond Halley sagt exakt die Wiederkehr jenes Kometen voraus, der heute seinen Namen trägt.

1687 Der englische Mathematiker und Forscher Isaac Newton veröffentlicht sein großes Werk über Schwerkraft und Mechanik, *Principia Mathematica*.

1690 Der holländische Physiker Christiaan Huygens geht mit seiner Wellentheorie des Lichts an die Öffentlichkeit.

Rote Blutkörperchen

1714 Der deutsche Physiker Gabriel D. Fahrenheit baut das erste genaue Quecksilberthermometer.

1735 Der schwedische Naturforscher Carl von Linné entwickelt die Systematik der Pflanzen- und Tiernamen auf wissenschaftlicher Basis, die 1749 publiziert wird und bis heute gültig ist.

1738 Der schweizerische Mathematiker Daniel Bernoulli formuliert die grundlegenden Gesetze der Strömungsmechanik (Bernoulli-Gleichungen).

1752 Der amerikanische Philosoph und Erfinder Benjamin Franklin zeigt, dass Blitze elektrischer Natur sind.

1771 Der englische Botaniker Joseph Banks kehrt von einer dreijährigen Forschungsreise mit der *Endeavour* zurück und bringt Informationen über bisher unbekannte Pflanzen und Tiere nach Europa mit.

1774 Der englische Chemiker Joseph Priestley entdeckt den Sauerstoff, den er „Phlogiston" nennt.

1778 Der französische Chemiker Antoine-Laurent Lavoisier benennt das Gas Sauerstoff.

1781 Der deutsch-englische Astronom Wilhelm Herschel entdeckt den Planeten Uranus.

1785 Der schottische Geologe James Hutton veröffentlicht seine *Theorie der Erde*. Das Werk bildet die Grundlage der modernen Geologie. Der Franzose Charles Augustin de Coulomb formuliert die Coulombschen Gesetze der Elektrostatik.

1796 Der französische Naturforscher Georges Cuvier vergleicht in einem Forschungsaufsatz die Zähne von Mammut und Elefant. Er erklärt Mammuts als ausgestorbene Art.

1796 Der englische Physiker Edward Jenner stellt den ersten Impfstoff her, der gegen Pocken wirkt.

1798 Der englische Forscher Henry Cavendish führt die erste ziemlich genaue Dichteberechnung der Erde durch.

1800 Der italienische Physiker Alessandro Volta baut die erste Batterie, die Voltasche Säule.

1801 Der deutsche Physiker Johann Ritter entdeckt die Ultraviolette (UV-)Strahlung.

1805 Der französische Chemiker Joseph L. Gay-Lussac enthüllt die chemische Zusammensetzung von Wasser.

1808 Der englische Chemiker John Dalton entwirft eine Atomtheorie der Chemie.

1811 Der italienische Forscher Amedeo Avogadro formuliert das Avogadrosche Gesetz, das besagt, dass gleiche Volumina von Gasen bei gleicher Temperatur und gleichem Druck dieselbe Anzahl an Molekülen enthalten.

1820 Der dänische Physiker Hans Ch. Oersted zeigt, dass elektrische Ströme Magnetfelder beeinflussen. Der französische Physiker André Ampère entwickelt Oersteds Theorie weiter zur Elektrodynamik.

1827 Der schottische Biologe Robert Brown entdeckt die Brownsche Molekularbewegung – die Bewegung von Teilchen in einer Flüssigkeit. Der deutsche Physiker Georg S. Ohm formuliert das Ohmsche Gesetz, ein grundlegendes Gesetz in der Elektrizität.

1830 Der schottische Geologe Charles Lyell gibt das *Lehrbuch der Geologie* heraus. Er verhilft dem Aktualismus (d. h., was geologisch heute passiert, muss auch in der Vergangenheit so erfolgt sein) zum Durchbruch.

1831 Der englische Forscher Michael Faraday entdeckt die elektromagnetische Induktion, nach der Elektromotoren und Dynamos funktionieren.

Draht schließt den Stromkreis der ältesten Batterie, der Voltaschen Säule.

1833 Der englische Mathematiker Charles Babbage baut eine programmierbare mechanische Rechenmaschine.

1837 Der schweizerisch-amerikanische Forscher Louis Agassiz stellt eine Theorie der Eiszeiten vor.

1839 Der deutsche Physiologe Theodor Schwann führt die Theorie vom Zellaufbau in Organismen ein.

1843 Der englische Physiker James Joule zeigt, dass Wärme eine Form von Energie ist. Die Energieeinheit Joule ist nach ihm benannt.

1846 Der deutsche Astronom Johann Galle entdeckt den Planet Neptun.

1847 Der deutsche Physiker Hermann von Helmholtz formuliert den Energieerhaltungssatz. Er besagt, dass Energie nicht verschwinden, sondern nur umgewandelt werden kann.

1848 Der schottische Physiker William Thomson (Lord Kelvin) stellt die Temperaturskala in °K (Grad Kelvin) vor.

1849 Der französische Physiker Armand Fizeau misst die Lichtgeschwindigkeit.

1850 Der deutsche Physiker Rudolf Clausius formuliert die Gesetze der Thermodynamik.

1851 Der französische Physiker Jean L. Foucault belegt, dass die Erde sich dreht.

1856 Der französische Chemiker Louis Pasteur weist nach, dass die Fermentation (Stoffumwandlung zu Alkohol) durch Mikroorganismen erfolgt.

1859 Der englische Naturforscher Charles Darwin bringt sein Buch *Über die Entstehung der Arten* heraus, in dem er seine Evolutionstheorie darlegt.

1864 Der schottische Physiker James C. Maxwell stellt die grundlegenden Gleichungen des Elektromagnetismus vor.

Neptun, entdeckt 1846

1865 Der österreichische Mönch Gregor Mendel stellt die Vererbungsgesetze auf. Louis Pasteur beantragt ein Patent auf die Sterilisierung von Speisen durch Erhitzen, später bekannt als Pasteurisierung.

1867 Der englische Arzt Joseph Lister führt die keimfreie Chirurgie ein.

1869 Der russische Chemiker Dmitri Mendelejew gibt die erste Version des Periodensystems der Elemente heraus.

1873 Der schottische Physiker James C. Maxwell beweist, dass Licht eine elektromagnetische Strahlung ist.

1876 Der deutsche Bakteriologe Robert Koch weist nach, dass *Bacillus* (Stäbchenbakterium) Milzbrand auslöst. Der schottisch-amerikanische Tüftler Alexander G. Bell erfindet das Telefon.

1879 Der amerikanische Unternehmer und Erfinder Thomas Edison und sein Team entwickeln die erste Glühlampe.

1884 Der französische Chemiker Henry L. Le Châtelier beschreibt chemische Gleichgewichtsreaktionen, die in beiden Richtungen wirken.

1887 Der deutsche Physiker Heinrich Hertz sendet erstmals Radiowellen.

1891 Der deutsche Bakteriologe Paul Ehrlich zeigt, dass Antikörper den Körper gegen Keime schützen.

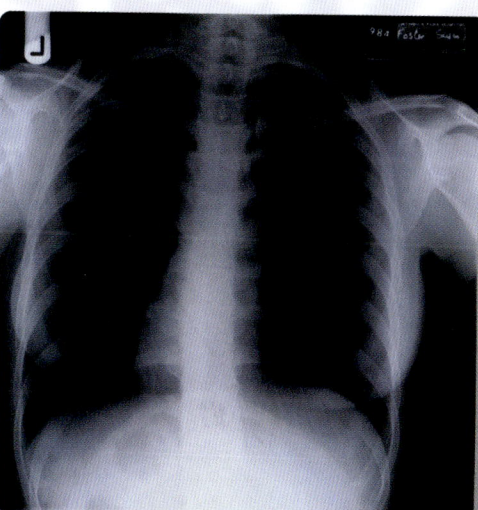

Entdeckung der Röntgenstrahlung 1895

1895 Der deutsche Physiker Wilhelm Conrad Röntgen entdeckt die Röntgenstrahlung.

1896 Der französische Physiker Antoine H. Becquerel entdeckt die Radioaktivität.

1897 Der englische Physiker Joseph J. Thomson weist das Elektron nach.

1898 Die polnische Chemikerin Marie Curie und ihr Mann, der französische Physiker Pierre Curie, geben die Entdeckung der radioaktiven Elemente Radium und Polonium bekannt. Der neuseeländische Physiker Ernest Rutherford weist Alpha- und Beta-Teilchen nach.

1905 Der deutsche Physiker Albert Einstein publiziert seine Spezielle Relativitätstheorie. Er formuliert die berühmte Gleichung $E = mc^2$ (Energie eines Objekts ist gleich seiner Masse mal Lichtgeschwindigkeit zum Quadrat).

1907 Der amerikanische Genetiker Thomas H. Morgan zeigt, dass Gene Bestandteile der Chromosomen und die grundlegenden Bausteine der Erbanlagen sind.

1911 Der neuseeländische Physiker Ernest Rutherford stellt sein Atommodell vor. Der niederländische Physiker Heike K. Onnes entdeckt die Supraleitfähigkeit (Stromleiter mit stark reduziertem Widerstand).

1912 Der deutsche Meteorologe Alfred Wegener weist nach, dass die Kontinente in der Lage sind, zu wandern („Kontinentalverschiebung").

1913 Der englische Chemiker Frederick Soddy entdeckt Isotope (Varietäten eines Elements mit verschiedenen Massen). Der dänische Physiker Niels Bohr stellt sein Atommodell vor, das Quantenmodell des Atoms.

1916 Der deutsche Physiker Albert Einstein publiziert seine *Allgemeine Relativitätstheorie*. Er legt seine deutsche Staatsbürgerschaft ab.

1919 Der neuseeländische Physiker Ernest Rutherford spaltet das erste Atom (Lithium).

1924 Der österreichisch-schweizerische Physiker Wolfgang Pauli formuliert das Pauli-Prinzip (Ausschlussprinzip), das besagt, dass keine zwei Elektronen im Atom denselben Quantenzustand innehaben.

1927 Der deutsche Physiker Werner Heisenberg entwickelt die Unschärferelation. Sie besagt, dass es nicht möglich ist, die exakte Position und zugleich den exakten Zeitpunkt eines atomaren Teilchens zu bestimmen.

1928 Der schottische Bakteriologe Alexander Fleming entdeckt Penicillin, das erste Antibiotikum.

1929 Der amerikanische Astronom Edwin Hubble entdeckt die Rotverschiebung im Licht von Sternen, die bedeutet, dass diese sich von der Erde entfernen.

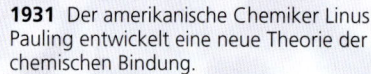

Penicillin, das erste Antibiotikum, wird um 1940 an Patienten erprobt.

1931 Der amerikanische Chemiker Linus Pauling entwickelt eine neue Theorie der chemischen Bindung.

1932 Der englische Physiker James Chadwick entdeckt das Neutron, das zweite, nicht geladene Teilchen im Atomkern neben dem geladenen Proton.

1935 Die amerikanischen Geophysiker Charles Richter und Beno Gutenberg entwickeln eine neue Skala zur Messung von Erdbebenstärken, die Richter-Skala. Der österreichische Physiker Erwin Schrödinger entdeckt die Wellennatur atomarer Teilchen. In seinem Gedankenexperiment („Schrödingers Katze") veranschaulicht er die entsprechende Gleichung.

1936 Der englische Mathematiker Alan Turing stellt seine „Turing-Maschine" vor, ein Modell zur einfachen, aber maschinellen Berechnung von komplexen mathematischen Funktionen.

1940–1953 Die amerikanische Genetikerin Barbara McClintock entdeckt die „springenden Gene", ein DNA-Abschnitt auf einem Genom.

1949 Der amerikanische Physiker Richard Feynman zeigt auf seinen „Feynman-Diagrammen" die Interaktionen subatomarer Teilchen.

1950 Der englische Biologe Francis Crick und der amerikanische Biologe James Watson entschlüsseln den Bau der DNA (Desoxyribonukleinsäure), den Grundbaustein der Erbinformation von Organismen.

1956 Die englische Kristallografin Dorothy Hodgkin bestimmt die chemische Struktur von Vitamin B_{12} mithilfe computergestützter Röntgendiffraktometrie.

1958 Der amerikanische Ingenieur Jack St. Clair Kilby entwirft den Mikrochip.

1960 Der amerikanische Physiker Theodore Maimann baut den ersten Laser.

1964 Die amerikanischen Physiker George Zweig und Murray Gell-Mann entwickeln das Quarks-Modell der subatomaren Teilchen.

1967 Die englischen Astronomen Jocelyn Bell und Antony Hewish entdecken Pulsare (blinkende Neutronensterne).

1968 Die amerikanischen Biochemiker Har G. Khorana, Robert Holley und Marshall Nirenberg finden Methoden, den genetischen Code der DNA zu entziffern, und erhalten dafür den Nobelpreis.

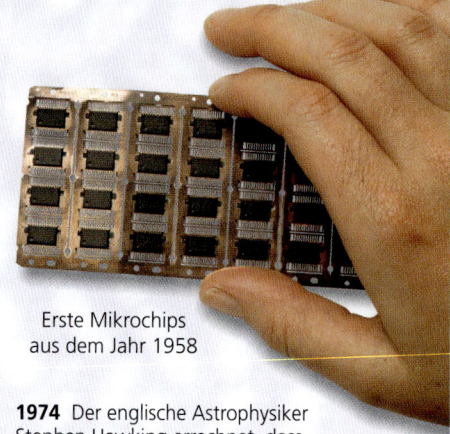

Erste Mikrochips aus dem Jahr 1958

1974 Der englische Astrophysiker Stephen Hawking errechnet, dass Schwarze Löcher Teilchenströme aussenden.

1979 Der englische Naturforscher James Lovelock bringt sein Buch über die Gaia-Theorie heraus, *Das Gaia-Prinzip*.

1995 Forscher am Forschungszentrum CERN in der Schweiz weisen Antimaterie nach. Das sind atomare Teilchen, die nur eine entgegengesetzte Ladung haben, sonst aber den bekannten Teilchen gleichen.

1996 Ein Forscherteam unter der Leitung des Engländers Ian Wilmut erzeugt das erste Klon-Säugetier, das Schaf Dolly, aus der Hautzelle eines Schafs.

1998 Die amerikanischen Wissenschaftler Andrew Fire und Craig Mello entschlüsseln das Prinzip der RNA-Interferenz (codierte Anweisung einer Zelle, Proteine herzustellen, dies zu unterbrechen oder zu verändern).

2003 Das Humangenom-Projekt, die Entschlüsselung aller Gene der menschlichen DNA, begonnen 1990, wird offiziell zum Abschluss gebracht.

2008 Am CERN (Schweiz) geht der größte Teilchenbeschleuniger (LHC) in Betrieb.

2009 Wissenschaftler an der Universität von Arizona (USA) erzeugen den ersten gekrümmten Laserstrahl.

Modell der DNA-Doppelhelix, um 1953

Das erste Klon-Schaf, 1996

Neugierig geworden?

Wissenschaftler machen ständig neue Entdeckungen, die uns erstaunen. Fernsehen, Wissenschaftszeitschriften, Websites, Museen und Ausstellungen informieren uns ständig über diese neuesten Fortschritte – über das, was sie bedeuten und die Menschen, die dahinterstehen. Aber Wissenschaft besteht nicht nur aus arbeitenden Forschern. Auch du trägst dazu dabei, wenn du etwa den Nachthimmel oder die Tiere eines Teichs beobachtest. Plötzlich kann es passieren, dass du etwas Neues entdeckst.

INTERNETADRESSEN

- Übersichten zu einigen bedeutenden Wissenschaftlern und ihren Erfindungen.
  www.oebv4kids.at/forscher/index.html
- Wer war Galileo Galilei?
  kidsweb.at/neuer-dings/beruehmte-persoenlichkeiten/galileo-galilei.html
- Erfahre mehr über Charles Darwin.
  www.planet-wissen.de/natur_technik/forschungszweige/evolutionsforschung/charles_darwin.jsp
- Albert Einstein und seine Relativitätstheorie.
  www.palkan.de/einstein.htm
- Marie Curie – die erste Frau, die den Nobelpreis erhielt.
  www.medienwerkstatt-online.de/lws_wissen/vorlagen/showcard.php?id=3412&edit=0
- Ein Portrait über Stephen Hawking.
  www.planet-wissen.de/alltag_gesundheit/begabung_und_intelligenz/genies/portraet_stephen_hawking.jsp
- Experimente aus Naturwissenschaft und Technik.
  www.kids-and-science.de
- Werde selbst zum Wissenschaftler und führe Experimente durch.
  www.kidsundco.de/wissenslabor/wissenschaft
- Kinder-Universitäten in Deutschland.
  www.die-kinder-uni.de/html/vorlesungsverzeichnis.html

Teleskop

DEN NACHTHIMMEL BEOBACHTEN
Mit einem Teleskop, einem Fernglas oder auch nur mit dem bloßen Auge kannst du eine Menge von Himmelsobjekten entdecken: Sterne, Sternbilder, Planeten, Monde, Meteore und Kometen. Galileis Teleskop, mit dem er vier Jupitermonde entdeckte, war klein und primitiv. Mit einem heutigen Hobby-Teleskop siehst du mindestens das, was auch Galilei sah. Selbst professionelle Astronomen können nicht ständig den ganzen Himmel im Blick haben, sodass auch Hobby-Astronomen immer wieder spektakuläre Entdeckungen machen – z. B. neue Kometen.

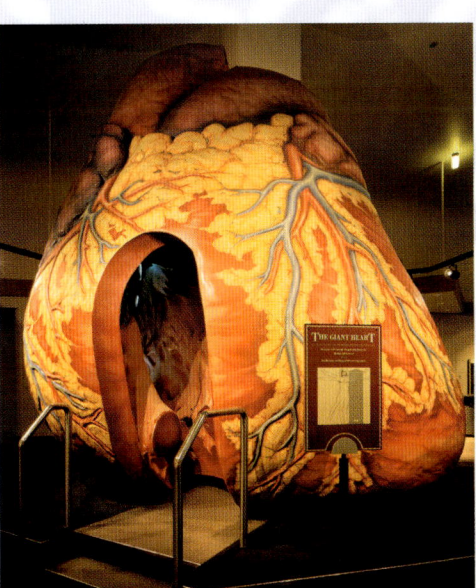

Begehbares Herz (Museum für Wissenschaft und Geschichte, Chicago)

Fossil eines *Coelosaurus* (Staatliches Museum für Naturkunde Stuttgart)

INTERAKTIVE AUSSTELLUNGEN
Viele Museen zeigen interaktiv aufbereitete Ausstellungsthemen, so wie dieses begehbare Herz (links). Andere Museen bieten computergesteuerte Aktivitäten an oder zeigen ehemalige Original-Arbeitsplätze oder Forschungsexperimente. So kann man sich vorstellen, wie die Forscher einst ihre Entdeckungen machten und wie Forschung funktioniert.

MUSEUMSBESUCHE
Es gibt eine ganze Reihe von Museen, die Natur-, Technik- und Wissenschaftsthemen bedienen, in denen man viel über Forschungsgeschichte und Erfinder und Entdecker erfährt. Diese Museen haben eigene Websites, die aktuelle Ausstellungen und Sonderschauen ankündigen. Es empfiehlt sich auf jeden Fall, sich vor einem geplanten Besuch im Voraus zu informieren.

Der Nobelpreis

Diese Ehrung ist der höchste Preis, der in der Naturwissenschaft alljährlich im Herbst zu vergeben ist. Geehrt werden Entwicklungen auf den Gebieten Physik, Chemie und Medizin (Physiologie). Der schwedische Industrielle und Chemiker Alfred Nobel (1833–1896) machte sein Geld mit der Herstellung von Sprengstoff („Dynamit Nobel") und stellte einen Teil seines Vermögens der Nobelstiftung zur Verfügung. Auch für Literatur, Friedensstiftung und Wirtschaft gibt es den Preis, letzterer wurde nicht von Nobel gestiftet. Die ersten Nobelpreise wurden 1901 verliehen, seither waren es über 500.

Nobel-Medaille (Vorderseite)

Nobel-Medaille für Physik und Chemie (Rückseite)

DIE PREISE
Die Gewinner erhalten eine Goldmedaille, eine Urkunde und einen Geldbetrag. Die Medaille ziert ein Porträt des Stifters, auf der Rückseite sind wechselnde Motive, je nach Thematik. Das Preisgeld wird in schwedischen Kronen ausgezahlt. 2006 betrug es 10 Mio. Kronen, das waren damals 1,1 Mio. Euro.

PAWLOW UND DER REFLEX
Der russische Physiologe Iwan P. Pawlow (1849–1936) erhielt 1904 den Nobelpreis für Medizin für seine Erkenntnisse über Verdauungsdrüsen. Wesentlich bekannter wurde er durch seine Experimente über den konditionierten (erlernten) Reflex. Er zeigte, dass ein Versuchshund, dem stets das Fressen zusammen mit einem Klingelton dargeboten wurde, bereits beim alleinigen Erklingen des Tons anfängt zu speicheln. Dieses Verhalten nannte Pawlow einen konditionierten Reflex.

DIE ZEREMONIE
Die Verleihung der Nobelpreise findet jedes Jahr am 10. Dezember am Geburtstag des Stifters Alfred Nobel statt. Die Zeremonie für den Friedensnobelpreis wird in Oslo abgehalten und der Preis vom Vorsitzenden des norwegischen Nobel-Komitees in Anwesenheit des norwegischen Königs verliehen. Die fünf anderen Preise werden vom schwedischen König im Stockholmer Konzerthaus ausgehändigt. Jeder Preisträger hält einige Tage vor der Preisverleihung eine Rede.

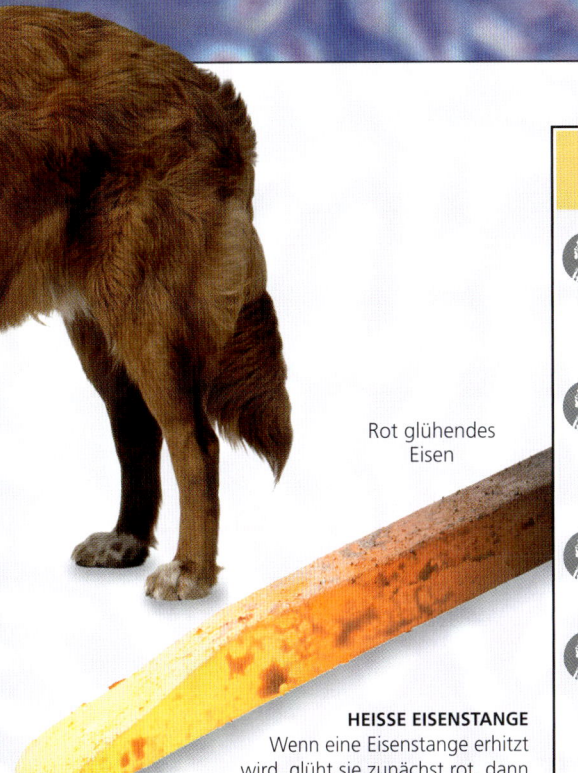

Rot glühendes Eisen

Rekordverdächtig

JÜNGSTER PREISTRÄGER
Der britische Physiker William L. Bragg (1890–1971) war der jüngster aller Preisträger. Er war 25 Jahre alt, als er für seine Arbeit, die Untersuchung kristalliner Strukturen, den Physik-Nobelpreis bekam – und zwar zusammen mit seinem Vater, William H. Bragg (1862–1942).

ERSTE FRAU
Marie Curie war mit 36 Jahren die erste Frau und damit auch die jüngste Preisträgerin. Sie bekam 1903 den Physik-Nobelpreis zusammen mit ihrem Ehemann Pierre und dem Forscherkollegen Antoine H. Becquerel. Sie war auch die einzige Frau, die später einen weiteren Nobelpreis bekam.

ÄLTESTER PREISTRÄGER
Mit 87 Jahren konnte sich der amerikanische Physiker Raymond Davis Jr. (1914–2006) über die Auszeichnung freuen.

GLÜCKLICHE FAMILIE
Die Curies und Joliots haben zusammen drei Nobelpreise eingefahren. Marie Curie und ihr Mann Pierre teilten sich 1903 den Physik-Preis mit A. Becquerel. Marie bekam 1911 den Chemie-Nobelpreis und ihre Tochter Irène (1897–1956) und ihr Gatte Frédéric Joliot (1900–1958) erhielten ihn 1935.

ERSTER ASIATE
Der erste nicht westliche Wissenschaftler, der 1930 den Physik-Nobelpreis verliehen bekam, war Chandrasekhara Venkata Raman (1888–1970) aus Indien.

PREISSAMMLER
Der amerikanische Chemiker Linus Pauling (1901–1994) hat als Einziger zwei ungeteilte Nobelpreise erhalten.

Chandrasekhara Venkata Raman bekam 1930 den Physik-Nobelpreis.

HEISSE EISENSTANGE
Wenn eine Eisenstange erhitzt wird, glüht sie zunächst rot, dann gelb, bis zur Weißglut. Verantwortlich für den Farbwechsel sind die Eisenatome, die Quanten („Päckchen") elektromagnetischer Strahlung aussenden. Je heißer die Stange wird, umso energiereicher sind die Quanten, deren erhöhte Strahlungsfrequenz den Farbwechsel verantwortet. Die genaue Ausdeutung von Energiequanten gelang dem deutschen Physiker Max Planck (1858–1947). Er revolutionierte damit die Physik und bekam 1918 den Nobelpreis.

SPRINGENDE GENE
Die amerikanische Genetikerin Barbara McClintock (1902–1992) entdeckte, dass der Farbwechsel mancher Körner auf bunten Maiskolben auf ererbten „Elementen" beruht, die zwischen oder innerhalb von Chromosomen wandern. Diese Entdeckung ist umso bemerkenswerter, als sie schon zwischen 1940 und 1953 erfolgte, als die Forschungen von Crick und Watson über den genetischen Code und die DNA noch lange nicht in Sicht waren. Erst 1983 erhielt Frau McClintock den Nobelpreis für Medizin für ihr Forschungsergebnis. Seither sind „Springende Gene" (wie die Elemente jetzt genannt werden) in vielen Organismen bestätigt worden.

REVOLUTIONÄR: DER TRANSISTOR
Fast alle elektronischen Bauteile nutzen heute Transistoren zur Stromflusskontrolle. Der erste funktionierende Transistor entstand in den Bell-Laboratorien unter William Shockley (1910–1989), John Bardeen (1908–1991) und Walter Brattain (1902–1987). Sie teilten sich 1956 den Nobelpreis für Physik für ihre Arbeiten an Transistoren und Halbleitern. Bis heute sind Transistoren so stark geschrumpft, dass Tausende auf einem Mikrochip Platz haben.

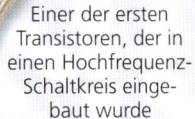

Einer der ersten Transistoren, der in einen Hochfrequenz-Schaltkreis eingebaut wurde

PREISWÜRDIGE TEILCHEN
Der französische Physiker Georges Charpak (1924–2010) bekam 1992 den Physik-Nobelpreis für die Erfindung und den Bau der Vieldraht-Proportionalkammer 1968. Dieser Detektor war wesentlich empfindlicher als alle bisherigen Detektoren und konnte bisher unbekannte atomare Subteilchen wie das Charmquark 1974 sichtbar machen. Für dessen Entdeckung bekamen 1976 die amerikanischen Physiker Burton Richter (geb. 1931) und Samuel Chao Chung Ting (geb. 1936) den Physik-Nobelpreis.

Mehrfarbiger Maiskolben

Spurendriftkammer des CERN (Schweiz)

Glossar

ALCHEMIE So nannte man die Anfänge der Chemie. Ziel war es, Metalle in Gold zu verwandeln, eine Medizin für alle Leiden zu entdecken und das Geheimnis des ewigen Lebens zu finden.

ALPHA-STRAHLUNG Ein Strahlungstyp aus einem stetigen Strom von Alpha-Teilchen. Sie bestehen aus zwei Protonen und zwei Neutronen und stammen aus dem Zerfall radioaktiver Stoffe, z. B. Uran.

ASTROLABIUM Altes Instrument zur Vermessung von Sternpositionen.

ATOM Kleinster Baustein chemischer Elemente und Grundlage aller Materie. Ein Atom besteht aus dem zentralen Atomkern, der von Elektronen umkreist wird. Der Atomkern selbst setzt sich aus Protonen und Neutronen zusammen.

ATOMKERN Zentraler Teil eines Atoms, der aus einem bis vielen Protonen und zwei bis vielen Neutronen besteht (Wasserstoff hat nur ein Proton, kein Neutron).

ATOMBOMBE Eine Waffe, die auf der Atomkernspaltung beruht und ungeheure Energiemengen freisetzt. Eine Weiterentwicklung ist die Wasserstoffbombe, in der Atomkerne verschmelzen und die von einer Atomkernspaltung gezündet wird.

AUSSTERBEN Das Verschwinden einer Art oder Gruppen von Arten.

BAKTERIEN Mikroskopisch kleine, einzellige Organismen, stehen am Anfang der Nahrungskette, zersetzen abgestorbene Substanzen und können Krankheiten auslösen.

CEPHEIDEN Gruppe veränderlicher Sterne, deren Leuchtkraft sich sehr regelmäßig ändert.

CHEMISCHE GLEICHUNG Beschreibung der Reaktion chemischer Substanzen als molekulare Formel, bei der die beteiligten Stoffe neue Verbindungen eingehen.

CHEMISCHE VERBINDUNG Substanz, die aus zwei oder mehr Atomen besteht, die miteinander verbunden sind. Steinsalz besteht aus den beiden Atomarten Natrium (Na) und Chlor (Cl).

CHEMISCHE REAKTION Prozess, bei dem chemische Stoffe sich zu neuen Verbindungen fügen.

CHROMOSOM Schnurartige Struktur im Kern von Zellen, welche die Gene des Organismus tragen. Jede lebende Art hat eine bestimmte Anzahl Chromosomen, der Mensch z. B. hat 46 (23 von jedem Elternteil).

ELEKTRISCHE LADUNG Eigenschaft bestimmter Teilchen, von anderen angezogen oder abgestoßen zu werden. Es gibt zwei Arten elektrischer Ladungen, positive und negative. Jedes Atom hat eine bestimmte Anzahl positiver Ladungen (Protonen) im Kern, denen eine gleiche Anzahl negativ geladener Elektronen gegenübersteht. Nimmt ein Atom ein oder mehrere Elektronen auf, wird es zum negativ geladenen Ion. Gibt ein Atom Elektronen ab, wird es zum positiv geladenen Ion.

ELEKTRISCHER STROM Fluss an elektrischen Ladungen in einem Leiter.

ELEKTROCHEMISCH Bezeichnung für einen Prozess, in dem sich chemische und elektrische Änderungen vollziehen. Eine Batterie ist ein elektrochemisches Bauteil, weil mit einer chemischen Reaktion elektrischer Strom erzeugt wird.

ELEKTROMAGNETISMUS Elektrisch erzeugter Magnetismus sowie magnetisch erzeugte Elektrizität.

ELEKTRON Atomares Teilchen, das den Atomkern umkreist. Ein Elektron besitzt stets eine negative Ladung.

ELEMENT Stoff, dessen Atome alle gleich sind und der chemisch nicht weiter aufgeteilt werden kann. Verschiedene Elemente können sich aber zu Verbindungen zusammenfinden.

Chemische Reaktion

Dinosaurier sind bekanntermaßen ausgestorben.

ERDERWÄRMUNG Anstieg der globalen Durchschnittstemperatur der Atmosphäre.

EVOLUTION Langsame Anpassungen einer Pflanzen- oder Tierart an veränderte Umgebungsbedingungen, die zu allmählichen genetischen Veränderungen und zu neuen Arten führen.

EXPERIMENT Überprüfbare Versuchsanordnung, um wissenschaftliche Behauptungen zu widerlegen oder zu bestätigen.

FLASCHENZUG Hebevorrichtung aus einem langen Seil und Rollen.

FOSSIL Spuren oder Überreste von Lebewesen, die in Gestein, Bernstein, Moor, Teer oder Eis überliefert werden können.

GALAXIE Riesige Ansammlung von Sternen, Planeten, kosmischem Gas und Staub. Astronomen kennen vier Hauptformen: Ellipse, Spirale, Balkenspirale und unregelmäßige Formen. Unsere Heimatgalaxie, die Milchstraße, gehört zum Typ Spirale.

GAMMASTRAHLUNG Hochenergetische elektromagnetische Strahlung, ähnlich der Röntgenstrahlung, jedoch mit mehr Energie und kürzerer Wellenlänge. Wird von einigen radioaktiven Elementen freigesetzt.

GEN Grundbaustein der Vererbung bei Organismen. Teilabschnitt auf einem Chromosom und verantwortlich für die Produktion bestimmter Substanzen in einer Körperzelle.

IMPFSTOFF Medizinisches Mittel, das den Geimpften immun macht gegen einen bestimmten Krankheitserreger, z. B. einen Virus.

KERNSPALTUNG Natürliche oder künstliche Spaltung eines Atomkerns in zwei oder mehrere kleinere und leichtere Kerne. Dieser Prozess setzt gewaltige Energie- und Strahlungsmengen frei (Atombombe).

Schwerkraft

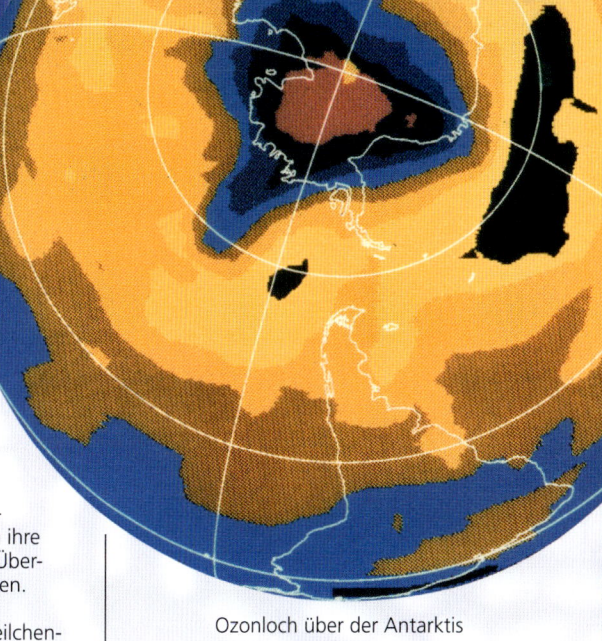

Ozonloch über der Antarktis

KETTENREAKTION Chemische oder nukleare Reaktion, die sich selbst lawinenartig beschleunigt, weil ihre Reaktionsprodukte am Zerfallsprozess beteiligt werden.

KRAFT Physikalische Größe, die Körper in Bewegung versetzt, sie beschleunigt oder abbremst, in Rotation bringt oder ihre Bewegungsrichtung ändert.

KREISLAUF Geschlossenes System von Stoffflüssen, z. B. der Blutkreislauf. Gilt auch für gemischte Systeme, z. B. der Wasserkreislauf aus flüssigen (Wasser) und gasförmigen (Wasserdampf) Anteilen, die ineinander übergehen.

LEITER Material, in dem elektrischer Strom fließt oder Wärme sich ausbreitet. Häufig sind gute elektrische Leiter auch gute Wärmeleiter.

LICHTBRECHUNG Die Ablenkung oder Beugung von Lichtstrahlen durch transparente Materialien (z. B. Glas).

MAGNETISMUS Anziehende und abstoßende Kräfte zwischen zwei Magneten. Jeder Magnet hat zwei entgegengesetzte Pole, einen Nord- und einen Südpol. Gleiche Pole stoßen sich ab, verschiedene ziehen sich an.

MASSE Die Menge an Material von einem Körper. Gehört zu den Wesenszügen der gegenständlichen Welt. Die Masse ist unveränderlich, selbst wenn sich die Schwerkraft ändert – anders dagegen die variable Gewichtskraft.

MIKROORGANISMUS Auch Mikrobe genannt. Kleinste Organismen, die nur mit optischen Hilfsmitteln wie Mikroskopen betrachtet werden können.

Wasserglas als Prisma

MOLEKÜL Gruppe von Atomen, die von chemischen Bindungen zusammengehalten werden. Im Steinsalz verbindet sich jeweils ein Natrium- (Na) mit einem Chlor-Atom (Cl) zu einem Natiumchlorid-Kristallgitter.

NANOTECHNOLOGIE Spezielle Technik, die Stoffe herstellt und verändert, die so klein sind, dass man sie nicht mehr mit dem Mikroskop sieht. Ein Nanometer ist 1 Millionstel Millimeter.

NATÜRLICHE AUSLESE Prinzip, demzufolge Organismen, die am besten an ihre Umwelt angepasst sind, die höchsten Überlebens- und Vermehrungschancen haben.

NEUTRON Eine von zwei atomaren Teilchenarten im Atomkern, hat keine Ladung. Siehe auch Proton

OZON Besondere Form des Sauerstoffs mit drei anstatt zwei Sauerstoffatomen. Die Ozonschicht schirmt die schädliche UV-Strahlung der Sonne ab.

PASTEURISIERUNG Durch kurzzeitige Erhitzung angestrebte Abtötung schädlicher Mikroorganismen in Lebensmitteln.

PLATTENTEKTONIK Theorie, dass die Erdoberfläche aus Erdkrustenplatten besteht, die sich langsam verschieben.

PRISMA, OPTISCHES Geschliffenes Stück Glas oder Kristall, das Licht in seine Farbanteile aufspaltet.

PROTON Atomares Teilchen und Bestandteil des Atomkerns mit positiver Ladung. Siehe auch Neutron

RADIOAKTIVITÄT Abgabe von Teilchenströmen oder Gammastrahlung durch radioaktive Stoffe, ausgelöst durch den Zerfall des Atomkerns wie z. B. von Uran oder Thorium.

RÖNTGENSTRAHLUNG Hochenergetische elektromagnetische Strahlungsart von kurzer Wellenlänge. Durchdringt Weichkörper und wird deshalb zum Sichtbarmachen von Knochen und deren Verletzungen in der Medizin eingesetzt.

SAUERSTOFF Farb- und geruchloses Gas, das von den meisten Organismen als Energiequelle veratmet wird. Es steuert ein Fünftel zur Atmosphäre der Erde bei.

SCHWARZES LOCH Bereich im Weltall mit extrem hoher Dichte und Schwerkraft, dem nichts zu entkommen vermag, nicht einmal Licht. Entsteht durch den Kollaps großer Sterne.

SCHWERKRAFT Kraft, die zwischen zwei Massen wirkt. Die Gewichtskraft eines Körpers entspricht der Schwerkraft, mit der er von der Erde angezogen wird.

SEISMOGRAF/SEISMOMETER Instrumente zur Messung von Erdbebenwellen.

SPEKTRUM Wenn Sonnenlicht durch ein Prisma hindurchstrahlt, wird es in seine einzelnen Farbanteile gemäß ihrer Wellenlängen zerlegt. Ein natürliches Farbspektrum ist der Regenbogen, der durch Lichtbrechung an Wassertröpfchen entsteht.

STATISTIK Mathematische Teilwissenschaft, die sich mit der Sammlung von Messdaten und deren Deutung beschäftigt.

STRAHLUNG Energie, die sich in Form elektromagnetischer Wellen ausbreitet wie z. B. Licht, Radiowellen, UV-Licht, Infrarot-, Röntgen- und Gammastrahlung. Auch die Radioaktivität wird als Strahlung bezeichnet.

STROMKREIS Geschlossene Leitung, in der Elektronen fließen können, mit einer Energiequelle und einem Energieverbraucher.

TEILCHEN (ELEMENTARTEILCHEN) Bestandteile des Atomkerns.

THEORIE Eine Erklärungsweise, die dazu dient, Vorkommnisse im Zusammenhang verstehen zu können. Theorien werden durch vielmalige Experimente an den beobachtbaren Tatsachen überprüft.

UMLAUFBAHN Wiederkehrender Pfad, auf dem sich ein Himmelskörper oder Satellit um einen anderen bewegt, z. B. der Mond um die Erde. In der Atomphysik der Pfad eines Elektrons um den Atomkern.

VIRUS Mikroorganismus, der sich nur in lebenden Zellen fortpflanzt und häufig Krankheiten bei seinem Wirt auslöst.

WELLENLÄNGE Entfernung zwischen zwei Wellenbergen in einer Welle. Dient zur Charakterisierung von Strahlungen wie z. B. Licht, Röntgenstrahlung sowie anderen Wellenformen wie Schall, Erdbeben oder elektrischer Strom.

ZELLKERN Zentraler Teil einer biologischen Zelle, enthält Chromosomen.

Register

A

Alchemie 15, 23
Alexandria 8
Alhazen 12–13, 15
Alkohol 38
Almanache 26
Anatomie 18
Archimedes 8–9, 16
Aristoteles 13–14, 16, 40
Armillarsphäre 10
Astrolabium 12
Astronomie 10–12, 50–51, 67
Atome 40–41, 44–45, 60–61
Atomkraft 45, 47
Atomphysik 44–45, 47
Atomwaffen 45–47
Auftrieb 8

B

Babbage, Charles 34–35
Bacon, Roger 14–15
Bacon, Sir Francis 20
Bakterien 38–39, 62
Banks, Joseph 28–29
Bardeen, John 69
Bathyskaph 49
Beagle 32–33
Becquerel, Henri 42, 69
Bernal, John 58
Berners-Lee, Tim 55
Biotreibstoff 63
Blitz 26–27
Blutkreislauf 18–19
Bohr, Niels 45
Botanik 28–29
Bounty 29
Boyle, Robert 20
Bragg, W. Lawrence und W. Henry 69
Brattain, Walter 69

C D

Cai Lun 10
Carson, Rachel 56
Cavendish-Laboratorium 44, 52
CERN 55, 69
Charpak, Georges 69
Chemische Elemente 24, 40–41, 61
Chirurgie 19
Chromosomen 53, 69
Clement, Joseph 34
Codeknacken 54
Computer 35, 54–55
Cook, James 28–29
Córdoba 13
Crick, Francis 52–53, 69
Curie, Marie und Pierre 42–43, 69
Cuvier, Georges 30–31
Dalton, John 41
Dämmerung 13
Darwin, Charles 32–33, 52
Davis, Raymond Jr. 69
Davy, Sir Humphrey 36, 41
DNA 52–53, 69

E F G

Edison, Thomas 37
Einstein, Albert 22, 43, 46–47, 61
Elektrizität 26–27, 37
Elektromagnetismus 36
Elektromotoren 36
Elektronen 45
Elemente 24, 40–41, 61
Endeavour 29
Enigma-Code 54
Erdbeben 11, 48
Erde 56
Erderwärmung 57, 62
Euklid 8
Evolution 31–33
Fabricius, Hieronymus 19
Fallgesetze 16
Faraday, Michael 36
Federn 21
Feynman, Richard 60
Film 37
Flaschenzug 9
Fleming, Alexander 59
Fortpflanzung 19
Fossilien 30–31, 33, 49, 62
Franklin, Benjamin 26–27
Franziskaner 14
Gaia-Theorie 56–57
Galaxien 50–51, 61
Galen, Claudius 18–19
Galilei, Galileo 16–17, 67
Galvani, Luigi 27
Gates, Bill 55
Geiger, Hans 45
Genetik 52–53, 69
Geologie 30, 33, 48–49
Gleichungen 46–47
Glühlampen 37
Grosseteste, Robert 15

H I J

Hale, George 50
Halley, Edmond 22
Harvey, William 18–19
Hawking, Stephen 61
Hefe 38
Herz, Blutkreislauf 18–19
Hodgkin, Dorothy 58–59
Hollerith, Herman 35
Hooke, Robert 20–21
Hopper, Konteradmiral Grace 55
Hubble, Edwin 50–51
Hubble-Teleskop 51
Humangenom-Projekt 53
Ibn Ruschd (Averroes) 13
Ibn Sina (Avicenna) 12
Impfungen 38–39
Insulin 59
Internet 55
Jacquard, Joseph-M. 35
Jupitermonde 17, 67

K L

Kalender 11, 15
Kathodenstrahlröhre 42, 44
Kepler, Johannes 23
Klimawandel 57, 62
Koch, Robert 3
Kontinentalverschiebung 48–49
Kopernikus, Nikolaus 16–17
Krankheiten 38–39, 63
Kriegsführung 9, 46–47
Kristallografie 58–59
künstliche Intelligenz 63
Lachgas 25
Lamarck, Jean B. 31
Laue, Max von 58
Lavoisier, Antoine-L. 24–25
Leavitt, Henrietta S. 50
Leibnitz, Gottfried W. 34
Leonardo da Vinci 9
Leidener Flasche 26
Licht 12–13, 15, 23, 51
Linné, Carl von 28
Linsen 15–16, 20
London, großer Brand 21
Lovelace, Ada 35
Lovelock, James 56–57
Lyell, Charles 33

M N O

Magnetismus 36
Manhattan Project 47
Margulis, Lynn 57
Mars 57
Materie, Gesetz von der Erhaltung der Masse 24
Mathematik 22
McClintock, Barbara 69
Medizin 12, 18–19, 63
Meeresboden 49
Meitner, Lise 47
Mendel, Gregor 52
Mendelejew, Dmitri 40–41
Meteorologie 48
Mikroskop 20–21, 39
Milch, pasteurisieren 38
Milzbrand 39
Mondkalender 11
Muybridge, Eadweard 37
Nanotechnik 63
natürliche Auslese 33
Newton, Isaac 20, 22–23, 47
Nobelpreis 42, 44, 53, 58, 68–69
Optik 12, 15, 23

P Q R

Paläontologie 30–31
Pangäa 48–49
Papierherstellung 10
Parkinson, Sydney 28–29
Pascal, Blaise 34
Pasteur, Louis 38–39
Pauling, Linus 52, 69
Pawlow, Iwan 68
Pendel 11, 17
Penicillin 59
Periodensystem 40–41
Pflanzensammler 28–29
Piccard, Jacques 49
Planck, Max 45, 50, 63
Planeten 16–17, 23
Plattentektonik 48–49
Polarschlitten 48
Polo, Marco 11
Pottasche 41
prähistorische Säugetiere 30–31
Priestley, Joseph 25
Quantenphysik 60
Radioaktivität 42–45
Raman, Chandrasekhara V. 69
Raumfahrt 60, 62
Raum-Zeit-Kontinuum 47
Rechenmaschinen 34–35
Reflexe 68
Relativitätstheorie 46–47
Richter, Burton 69
Roboter 63
Röntgen, Wilhelm 42
Röntgenstrahlen 42–43, 58–59
Royal Society 20, 28
Rutherford, Ernest 44–45

S T

Sauerstoff 25
Säugetiere 19, 30–31
Schießpulver 11
Schlitten 48
Schraubenpumpe 9
Schwarzes Loch 61
Schwerkraft 22–23, 47, 61
Sehen 13
Seidenraupe 39
Seidenstraße 11
Shockley, William 69
Soda 41
Soddy, Frederick 4
Solander, Daniel 28
Sonnensystem 16–17
Sterne 50–51, 61
subatomare Teilchen 44, 60, 69
Teilchenphysik 44, 60, 69
tektonische Platten 48–49
Teleskop 16, 23, 50–51, 67
Thermometer 17
Thomson, J. J. 44–45
Tiefsee-Erkundung 49
Tiere 19, 30–33
Ting, Samuel Ch. Ch. 69
Toledo 14
Tollwut 39
Tompion, Thomas 21
Transistor 55, 69
Treibhauseffekt 57
Trieste 49
Turing, Alan 54–55

U V W Z

Uhren 15, 17, 21
Umweltverschmutzung 56–57
Universum 50–51, 61
Uran 42–43, 45
Urknalltheorie 51, 61
Ursprung des Lebens 62
Vakuum 20
Verbrennung 25
Vesalius, Andreas 18
Viren 39
Vitamine 59
Volta, Alessandro 27
Waffen 11, 46–47
Wallace, Alfred 32
Wallingford, Richard von 15
Wardian case 29
Watson, James 52–53, 69
Wegener, Alfred 48–49
Wetter 48
Wilkins, Maurice 53
Wissenschaft der Zukunft 62–63
Word Wide Web 55
Wren, Sir Christopher 20–21
Zeit 15, 47
Zellen 52–53
Zhang Heng 10–11

Dank und Bildnachweis

Dorling Kindersley dankt Hilary Bird für das Register; David Ball, Kathy Fahey, Neville Graham, Rose Horridge, Joanne Little und Sue Nicholson für das Poster.

Der Verlag dankt den folgenden Personen und Institutionen für die freundliche Genehmigung zum Abdruck von Fotos:

(Abkürzungen: o = oben, go = ganz oben, u = unten, m = Mitte, l = links, gl = ganz links, r = rechts, gr = ganz rechts, Hg = Hintergrund)

akg-images: 22ml, 26ul, 48ml, 52mo; Bibliothèque Nationale 14gol; Bibliothèque Nationale / VISIOARS 10m; Erich Lessing 16gol; Gerhard Ruf 14gor; Schütze / Rodemann 14mlu; Alamy Images: archivberlin Fotoagentur GmbH 11mr; Sandra Baker 26–27um; Scott Camazine 39ml, 46–47u; Nick Cobbling 62ml; Dennis Cox 10um; Mary Evans Picture Library 1, 7ur, 24gol, 34gol, 36ul, 42m, 42gol, 43gol, 69mro; eye35.com 15ur; David R. Frazier Photolibrary, Inc. 56ul; Stephen Harrison 26–27gom (Blitz); ImageState 60ul; INTERFOTO Pressebildagentur 33mr; Martin Jenkinson 45ur; kolvenbach 63ur; Steve Mansfield-Devine 57ul; North Wind Picture Archives 37gor; PCL 6m; Popperfoto 32gol, 43mr; The Print Collector 7m, 9gol, 13mr, 41gor; QCumber 38ml; Ruby 61gol; Trip 12gol; Visual Arts Libary (London) 18gor; Visual Arts Library (London) 6gol, 6ur, 8gol, 12um, 18gol, 19gor, 21u, 23ur, 25ur, 26gor, 27gom, 29gor, 30gol, 38gol; The Art Archive: 54gom; Musée des Beaux Arts Grenoble / Dagli Orti 24mo; Musée du Louvre Paris / Dagli Orti 13ur; Private Collection / Marc Charmet 25gom; University Library Istanbul / Dagli Orti 12ur; The Bridgeman Art Library: 39ul; British Museum, London 35mr; Down House, Kent 33ur; Institut de Radium, Paris / Archives Charmet 43gor; Louvre, Paris, France / Peter Willi 17gor; Musée Conde, Chantilly, France/ Lauros / Giraudon 15m; Musée Pasteur, Institut Pasteur, Paris / Archives Charmet 39gom; Private Collection 9m, 28m; Private Collection / The Stapleton Collection 59m; Private Collection, © Agnew's, London 28gor; Private Collection/ Philip Mould, Historical Portraits Ltd, London 22gol; Warner Fabrics plc., Braintree, Essex 59mlu; © CERN, Geneva: 69ur; Corbis: 27ur, 37l, 55gom; Theo Allofs / Zefa 62gor; Archivo Iconografico, S. A. 9ur, 15gor; Lester V. Bergman 38mlu; Bettmann 8m, 31gol, 44gol, 46gor, 47mr, 49gor, 55mlo; epa 47mro; Shelley Gazin 60gol; Historical Picture Archive 36gol; Hulton-Deutsch Collection 43ur, 44m; Matthias Kulka 63gor; Danny Lehman 60ur; William Perlman / Star Ledger 33mo; Louie Psihoyos 55ul; Steve Raymer 40ur; Roger Ressmeyer 50um; Visuals Unlimited 59gom; DK Images: The British Museum 64gol; Tina Chambers / Mit frdl. Genehmigung des National Maritime Museum, London 22ur; Andy Crawford / Mit frdl. Genehmigung von David Ward 40mru; Andy Crawford / Mit frdl. Genehmigung des Royal Museum of Scotland, Edinburgh 2ul, 12mr; Andy Crawford / Mit frdl. Genehmigung des Royal Tyrrell Museum of Palaeontology, Alberta, Canada 71gol; Andy Crawford / Mit frdl. Genehmigung des State Museum of Nature, Stuttgart 67ur; Geoff Dann / Mit frdl. Genehmigung des Imperial War Museum, London 54–55m; Geoff Dann / Mit frdl. Genehmigung des Science Museum, London 57mlo; Mit frdl. Genehmigung der Darwin Collection, The Home of Charles Darwin, Down House (English Heritage) 32mu; David Exton / The Science Museum, London 19mru; Neil Fletcher / Oxford University Museum of Natural History 30mro; Nelson Hancock / Rough Guides 37ul; Colin Keates / Mit frdl. Genehmigung des Natural History Museum, London 24u (Kohle), 58m (Rosenquarz); Alan Keohane / Mit frdl. Genehmigung des Arizona Mining and Mineral Museum, Phoenix 58m (Azurit & Malachit); Dave King / Mit frdl. Genehmigung des Down House / Natural History Museum, London 2ur, 32mo, 32mr, 32m, 33ul, 33um; Dave King / Mit frdl. Genehmigung des Booth Museum of Natural History, Brighton 4ml, 31gor; Dave King / Mit frdl. Genehmigung des Science Museum, London 3um, 16um, 20ur, 21mlo, 23go, 23ml, 34mo, 37ml, 37m; John Lepine / The Science Museum, London 10gol, 10–11m, 11mo; Andrew Leyerle / Mit frdl. Genehmigung des Museum of Science and Industry, Chicago 67ul; NASA 11go, 47gol; NASA / Finley Holiday Films 17ur, 65ul; Mit frdl. Genehmigung des National Maritime Museum, London 48um; Mit frdl. Genehmigung des Natural History Museum, London 29ur; Andrew Nelmerm / Mit frdl. Genehmigung des Royal British Columbia Museum, Victoria, Canada 31ul; Liberto Perugi / Mit frdl. Genehmigung des Museum of Natural History of the University of Florence, Zoology section 'La Specola' 18ur; The Science Museum, London 2gol, 34–35um; James Stevenson / Mit frdl. Genehmigung des National Maritime Museum, London 29gol; Clive Streeter / Mit frdl. Genehmigung des The Science Museum, London 4gor, 9gor, 17gol, 21mro, 22ul, 24mu, 25mlu, 26mr, 26ur, 27gor, 36ml, 36ur, 41gol, 42mru, 45mr, 65gom, 69m; Clive Streeter / Peter Griffiths – Modelle 51ur; Harry Taylor / Mit frdl. Genehmigung des Natural History Museum, London 30mu, 31um, 41ml; Francesca Yorke / Mit frdl. Genehmigung des Bradbury Science Museum, Los Alamos 47um; European Space Agency: R. Gendler 50–51m; Flickr.com: 26m; Rob Francis: 31ur; Getty Images: Alfred Eisenstaedt / Time Life Pictures 56mlu; J.R. Eyerman / Time Life Pictures 50m; Hulton Archive 55mro; Imagno 48mo; Pascal Le Segretain 68u; Donald Uhrbrock / Time Life Pictures 56mlo; NASA: The Hubble Heritage Team (AURA / STScl) 51gol; NSSDC 57m; The Natural History Museum, London: 20gol, 28–29m, 33gol; NOAO/AURA/NSF: 51gol, 51gom; Nobel Foundation: 68mlo; Science & Society Picture Library: 17mlo, 19m, 21mo, 25mro, 34mu, 35gol, 35gor, 35mu, 46m, 55m, 57gol, 58ul, 58–59m; Bletchley Park Trust 54m; NMPFT Associated Press 46ul; NMPFT Daily Herald Archive 58gol; Science Museum Archive 40gol; Science Photo Library: 20ml, 35ur, 53mr, 58mlu; A. Barrington Brown 52ml; Harvard College Observatory 50mlu; Anthony Howarth 56m; Peter Menzel 53um; NASA 57gom, 57gor; C. Powell, P. Fowler & D. Perkins 43ul; Space Island Group: 62ul; Still Pictures: PHONE Labat Jean-Michel 7gor; The Wellcome Institute Library, London: 39ur, 42um; Wikipedia, The Free Encyclopedia: 20ul.

Poster: akg-images: Erich Lessing (Galilei). Alamy Images: Mary Evans Picture Library (Babbage) (Röntgenstrahlen); Mary Evans Picture Libary (Curie); North Wind Picture Archives (Edison); Popperfoto (Darwin); Visual Arts Library (London) (Aristoteles) (Harvey) (Pasteur). The Bridgeman Art Library: Musée Pasteur, Institute Pasteur, Paris / Archives Charmet (Pasteurs Mikroskop); Private Collection / Philip Mould, Historical Portraits Ltd, London (Newton). Corbis: (Kinetograph); Bettmann (Einstein); Historical Picture Archive (Faraday). DK Images: Mit frdl. Genehmigung des Down House / Natural History Museum, London (Darwins Notizbuch) (Darwins Käfer); Mit frdl. Genehmigung des Science Museum, London (Teleskop) (Edisons Lampe) (Prisma) (Zhang Heng) (Seismoskop) (Babbages Motor) (Faradays Experiment) (Periodensystem). European Space Agency: R. Gendler (Andromeda). Getty Images: Time Life Pictures / J.R. Eyerman (Hubble). Science Photo Library: A. Barrington Brown (Crick & Watson). Science & Society Picture Library: NMPFT Associated Press (Tafel); Science Museum Archive (Mendeleyev).

Cover: *Vorn:* Alamy Images: mlo. Corbis: Historical Premium um. NASA: mogl. Science Photo Library: mro; David Mack gor. Specialist Stock / Still Pictures: Fred Bruemmer mogr. *Hinten:* Alamy Images: Debbie Acame mlo. Dorling Kindersley: Science Museum mgr. Science Photo Library: m; David Mack gol.

Alle anderen Abbildungen © Dorling Kindersley

Weitere Informationen unter www.dkimages.com

**Weitere Themen in dieser Reihe:
(Bandnummer in Klammern)**

Das alte Ägypten (8)
Das alte Griechenland (21)
Das alte Rom (38)
Arktis & Antarktis (67)
Autos (25)
Azteken, Inka & Maya (28)
Bedrohte Tiere (5)
Burgen (24)
Christentum (34)
Computer (51)
Demokratie (30)
Deutschland (63)
Dinosaurier (1)
Edelsteine & Kristalle (62)
Eisenbahnen (19)
Erdöl (71)
Der Erste Weltkrieg (68)
Die ersten Menschen (26)
Evolution (50)
Fahrzeuge & Transport (65)
Fische (13)
Flugmaschinen (41)
Fossilien (47)
Fußball (53)
Geld (59)
Gesteine & Mineralien (17)
Große Entdecker (12)
Große Musiker (42)
Große Wissenschaftler (33)
Haie (10)
Hunde (39)
Indianer (18)
Insekten (35)
Islam (56)
Katzen (23)
Klimawandel (11)
Kriminalistik (44)
Der Mensch (2)
Das moderne China (58)

Mittelalter (70)
Mond (57)
Mumien (74)
Musikinstrumente (14)
Mythologie (31)
Naturwissenschaften (7)
Ozeane (32)
Pferde (43)
Pflanzen (48)
Piraten (36)
Pyramiden (60)
Raubtiere (52)
Regenwald (20)
Religionen (72)
Reptilien (69)
Ritter (16)
Säugetiere (45)
Schätze (6)
Schmetterlinge (73)
Spione (9)
Städte (3)
Strand & Meeresküste (55)
Teiche & Flüsse (27)
Tiere (64)
Titanic (22)
Urzeit (66)
Vögel (29)
Vulkane (37)
Waffen & Rüstungen (61)
Wasser (40)
Weltall (15)
Wetter (46)
Wikinger (49)
Wirtschaft (4)
Der Zweite Weltkrieg (54)